성장하는 **엄마**
꿈이 있는 **여자**

성장하는 엄마
꿈이 있는 여자

초판 2쇄 발행 2017년 7월 1일
초판 1쇄 발행 2016년 4월 18일

지은이 김미경
펴낸이 배충현
펴낸곳 갈라북스
출판등록 2011년 9월 19일(제2015-000098호)
주소 경기도 고양시 덕양구 중앙로 542, 903호(행신동)
전화 (031)970-9102   **팩스** (031)970-9103
홈페이지 www.galabooks.net
페이스북 www.facebook.com/bookgala
전자우편 galabooks@naver.com

ISBN 979-11-86518-05-2 03330

「이 도서의 국립중앙도서관 출판예정도서목록(CIP)은 서지정보유통지원시스템
홈페이지(http://seoji.nl.go.kr)와 국가자료공동목록시스템(http://www.nl.go.kr/kolisnet)에서
이용하실 수 있습니다.(CIP제어번호: CIP2016008290)」

성장하는 엄마
꿈이 있는 여자

스마트하게 일하는 엄마들을 위한 자기계발서

갈라북스

길에 들어섰으면
그 길의 끝까지 걸어가라

여자의 인생은 결혼을 시작으로 몇 가지 중대한 전환점이 찾아온다.

임신, 출산, 양육….

전혀 예상치 못하고 맞이했다면 인생의 걸림돌이요, 미리 철저한 준비 후에 일련의 일들을 치뤘다면 성공한 인생으로 가는 이정표가 되었을 것이다. 어찌 되었든 간에 고요하던 한 여자의 인생은 이를 기점으로 천국과 지옥을 오고가는 왕복여행후기로 장식된다.

아내 마음을 읽어주지 못하는 남편, 엄마 마음대로 커주지 않는 아이들, 며느리 마음 헤아려주지 않은 시월드와 '우리집'이라 부르던 곳을 한순간에 '친정'이라 바꿔 부르며 전혀 새로운 인생을 살게 되는 사람. 여자다.

'여자 팔자는 뒤웅박 팔자'라는 옛말이 있다. 어쩌면 여자의 인생에 찾아오는 여러 변곡점들을 온전하게 돌지 못하고 망가져버리는 안타까운 인생을 말하는 것은 아니었을까? 뒤웅박만큼은 아닐지라

성장하는 엄마 곁에 있는 여자

도 예나 지금이나 엄마가 된 여자들은 여전히 힘들고, 바쁘고, 아프고, 서럽다. '내가 미쳤지…, 어쩌자고 결혼이라는 걸 해가지고는…' 하는 신세한탄 속에는 '뒤웅박'이라는 표현이 녹아있는지도 모를 일이다. 뒤웅박은 내가 만든다.

그 옛날에 비해 조금 달라진 게 있다. 우리의 어머니 세대에서 '희생'이라는 이름으로 닦아놓은 엄마라는 길을 딸들인 우리가 좀 더 수월하게 걷고 있다는 점이다. 우리는 이 점을 잊지 말아야 한다. 왜냐하면 지금 엄마인 당신이 걷고 있는 이 길을 우리의 딸들이 또다시 걸어갈 것이기 때문이다.

여자의 길. 여자라서 걸을 수밖에 없는 그 길에 당신이 들어섰다. 아내, 엄마, 며느리, 딸, 워킹맘, 전업맘, 경단녀… 당신에게 붙여진 수많은 타이틀과 그의 무게는 이제 온전히 당신 인생의 무게이며 눈물 겹더라도 홀로 걸어가야 할 외진길이다.

일단 들어섰으면 길의 끝까지 걸어가 보자. 그 누구도 대신 걸어줄 수 없는 길이지 않은가? 끝까지 걸어간 자에게만 보다나은 선택을 위한 갈림길이 보이지 않겠는가?

　잠시 쉬어가더라도 절대 포기하지는 말자. 엄마의 고군분투 인생살이 DNA는 튼튼한 면역력이 되어 자녀들에게 축복처럼 내리게 될 것이다. 머지않아 누군가가 당신에게 여자의 길을 묻는다면 어떻게 안내해 줄 것인지, 당신의 삶을 통해 보여주길 바란다.

　이 책은 내가 초등교사로, 대한민국 아줌마로 살아오면서 만난 수많은 엄마들과 아이들을 생각하며 쓴 글이다. 개인적으로는 두 아이들의 엄마로, 공적으로는 매해 다른 엄마들의 손에서 키워진 학생들을 만나며 항상 나의 화두는 '엄마의 길'이었다.

　외롭고 힘들며 아무도 알아주지 않는 길이지만 스스로가 선택했기에 그 선택이 옳았음을 입증하며 살아가자고 엄마들에게 말하고 싶었다. 그러다보니 상담이나 부모교육이라는 틀을 넘어서서 넘치는 아줌마수다를 주체하지 못하고 책을 쓰기에 이르렀다.

글을 쓰는 동안 나는 아주 행복했다. 책을 쓰는 동안 엄마로 살며 잊고 지냈던 나의 새로운 면모를 발견했고, 상처를 치유했고, 나에 대한 사랑을 고백할 수 있었다. 지면을 빌어 특별히 감사드릴 분들이 있다.

새로운 꿈을 꾸고 이루어가는 나의 행보에 묵묵히 힘을 실어주신 양가부모님께 감사드린다. 다 내려놓고 홀로 떠나고 싶었던 모진 세월을 감내하신 나의 어머니 두 분, 친정엄마 최원희 여사, 시어머님 이옥순 여사께 가슴깊이 존경을 표한다. 직설화법으로 나를 늘 일깨워주는 남편 신복규, 내 인생 최고의 선물인 윤서, 동윤에게 사랑을 전한다. 교사에서 스승으로 살 수 있도록 도와주신 최인숙 수석선생님, 효과적인 부모역할훈련P.E.T 강사의 길로 들어설 수 있도록 안내해주신 김혜영 선생님께 깊이 감사의 말씀을 전한다. 또한 엄마워크숍 멤버인 나영, 현주언니를 비롯한 수많은 '엄마 꿈' 친구들에게 감사한다.

마지막으로 대한민국의 모든 엄마들이 기꺼이 스스로가 선택한 길

을 걸으며 행복한 인생후기를 남기길 바라는 마음이 간절하다. 인생
에서 선택한 모든 것들이 나를 위한 최선의 선택이었고 그 선택이 옳
았음을 입증하며 살아가시길….

이 시대를 살아가는 모든 엄마들에게 존경과 사랑의 마음을 담아
이 책을 바친다.

엄마, 당신은 위대한 사람입니다.

_ 엄마의 서재에서
김미경

13

성장하는 엄마 꿈이 있는 여자

4장

여자의 30대가 중요한 이유

5장

성장하는 엄마, 내일이 기대되는 여자

1장

'빛나는 삶'을 위한 용기

:

인생은 이야기를 하나씩 써가는 일기장이다. 그 일기장을 원래 기대하던 것과

비교해보면 한없이 겸손해질 수밖에 없다.

– 제임스 배리 –

01
뭔가 되어
있을 줄 알았는데

"엄마, 어렸을 때 쓴 일기장 가지고 있어?"

학교 가는 길에 딸아이가 물었다. 몇 일전, 반에서 제일 친한 친구가 엄마의 일기장을 학교에 가지고 왔다고 했다. 그 아이는, 엄마가 초등학교 때부터 쓴 일기를 지금까지 가지고 있다며 친구들 앞에서 자랑스럽게 말했다고 했다. 나를 올려다보며 묻는 딸의 얼굴을 자세히 보니 딱히 그 친구를 부러워하는 것은 아닌 듯 했다. 하지만 자신의 엄마도 과연 어린 시절에 일기를 쓰기는 했는지, 썼다면 지금까지 모아둔 게 있는지 호기심이 생기는 모양이었다.

학교 앞에 도착해서 인사를 나누고 서로 헤어졌다. 돌아서서 집으로 걸어오는 동안 내 머릿속에 하나 둘 어린 시절의 추억이 피어오르기 시작했다. 그 날 아침에는 운동을 거르고 곧장 집으로 돌아올 수밖에 없었다. 일기장을 찾기 위해서였다.

'어디다 뒀더라? 그래도 한두 권정도 결혼할 때 친정에서 챙겨왔었는데…'하면서 집안 구석구석을 뒤지기 시작했다. 결혼 11년 된 살림살이, 두 아이들의 장난감과 책으로 가득한 집안에서 내 물건은 쉽게 찾을 수가 없었다. 지극히 사적인 물건인 만큼 식구들의 왕래가 잦은 공개적인 장소에 놓아두지는 않았을 테고 나만이 알 수 있는 어딘가에 조용히 숨겨놓은 것이 분명했다. 그러고는 한동안 까맣게 잊고 있었다. 아이 둘 키우는 아줌마 정신이 오죽하겠는가! 특히나 새벽같이 출근하고 별보고 퇴근하는 남편을 둔 나는, 십년 넘게 워킹맘으로 두 아이를 키우면서 하루가 어떻게 지나가는지도 모르고 살아왔다. 급기야 어느 날 아침엔가는 출근길에서 내 몸을 아래 위로 더듬으며, '가만 있어봐. 내가 아침에 속옷은 챙겨 입고 나왔나?' 한 적도 있었다.

전쟁터를 방불케 하는 하루를 간신히 버텨내고 저녁이 되어 방전된 몸을 이끌고 돌아와 침대에 누울 때면 하루살이 같은 일상의 반복과 그 굴레에서 절대 빠져나올 수 없겠다는 무력감이 나를 엄습해왔다. 눈앞에 산재한 일거리들을 해치우기에도 급급한 현실 속에서, 어린 시절 일기장들을 추억이라는 이름으로 차곡차곡 모아두었을 리는 없었다. 유년시절의 향수를 느껴보겠다고 지난 일기장을 챙겨놓는 일은, 마치 거추장스러운 액세서리를 달고 있는 것과 같다고 생각했기 때문이다.

게다가 일기의 내용을 떠올려 봐도 딱히 마음이 훈훈해질 것 같지는 않았다. 나에게 일기장은 아무에게도 들키고 싶지 않은 과거이며, 영혼의 알몸이나 마찬가지인 기록이다. 눈물 젖은 빵이랄까? 굳이 들춰내서 먼지떨이를 하고 싶지도, 할 필요도 없다고 생각한 추억들이었다. 그런데 딸아이의 한마디에 그 어둡던 과거가 바깥세상으로 끄집어져 나와야했다.

"찾았다!"

한 시간이 넘는 숨바꼭질 후에야 누렇게 색이 바랜 세 권의 일기장을 손에 넣을 수 있었다. 책꽂이며 온갖 정리함과 집안 서랍장들을 몽땅 뒤지고서야 아파트 베란다 수납함에 들어있던 지난날의 나와 마주하게 되었다. 그 중 가장 '어린 시절'이라고 이름 붙일 수 있는 것이 중학교 2학년 때 쓴 일기장이었고 나머지는 대학 때와 직장 다니면서 이것저것 잡생각을 적어놓은 습작노트였다.

초등학교 때는 오로지 선생님께 검사를 맡기 위한 목적으로 써내려갔던 일기였다. 초저녁에 쏟아지는 잠을 이겨 내면서 삐뚤빼뚤한 글씨로 써내려간 기억은 선명했다. 하지만 그 때의 일기장은 기록이 아닌 기억으로만 남아있을 뿐이었다.

내가 초등학생이었을 때 우리 집 식구는 나를 포함해서 열 세 명이었다. 30평이 조금 넘는 주택에서 여덟 명의 어른과 다섯 명의 아이들이 북적거리며 살았다. 그러니 살림살이를 들여놓기에도 공간이 비좁았던 집안에, 추억이라는 이름으로 지나간 기록들을 쟁여놓는 것은 상상조차 할 수 없는 일이었을 것이다.

슬하에 오남매를 키우셨던 부모님께서는 과거보다는 현재를 살아내기에 여념이 없으셨을 터, 어린 나 역시 기록과 글의 소중함을 몰랐기에 무조건 다 쓴 공책은 뿌듯한 마음으로 폐지로 내버린 기억이 난다. 나는 일기장을 손에 넣자마자 먼지를 털어내고 거실 소파에 조용히 앉았다. 표지를 어루만지며 크게 한숨을 들이쉬고는 내쉬는 숨에 앞표지를 열어젖혔다.

'1992년 5월 18일 Monday'

중학교 2학년 때니까 영어를 처음 배운지 일 년이 지난 때였다. 일기장 여기저기에 영어단어를 써놓은 모습을 보니 피식 웃음이 나왔다. 당시에는 처음 배우는 외국어라 무슨 암호해독이라도 배우는 것마냥 신기했다. 며칠에 한 번씩 일기를 썼는지가 궁금해서 날짜를 확인하며 쭉 한 번에 넘겨보았다. 그리고는 본격적으로 차근차근히 읽어가려고 다시 앞쪽으로 넘긴 순간, 짧은 문장이 유독 눈에 띄었다.

'언니가 반에서 2등, 전교에서 4등을 하였다. 좋겠다. 난 뭔가!'

이를 보자, 어린 시절 나를 쥐고 흔들었던 가장 큰 감정이 떠올랐다. 바로 열등감이었다.

다섯 형제 중에 둘째 딸인 나는 위로 연년생인 언니가 있다. 언니는 전쟁터를 방불케 하는 하루를 간신히 버텨내고 저녁이 되어 방전된 몸을 이끌고 돌아와 침대에 누울 때면 하루살이 같은 일상의 반복과 그 굴레에서 절대 빠져나올 수 없겠다는 무력감이 나를 엄습해왔다.

나보다 항상 공부를 잘했고, 부모님으로부터 인정을 받고 관심과 사랑을 받는 큰딸이었다. 착하고 순하며 공부까지 잘 한 언니를 둔 덕분에 나는 학창시절에 끊임없는 비교를 당했고 열등감에 시달렸다.

1992년 5월부터 이듬해 4월까지 써내려간 일기 속에는 '선의의 경쟁자'라는 형제간의 끊임없는 비교가 주된 주제였다. 열등감은 높고, 자존감은 낮으며, 자신의 성적을 비관하는 우울한 중학교 2학년생인 나와 마주하게 되었다.

중간 중간 읽을 때마다 가슴이 먹먹해 오고 울컥했다. 마지막 장을 덮으며 쏟아지는 눈물 때문에 소파에서 벌떡 일어나서 욕실로 향할 수밖에 없었다. 욕실 바닥에 쪼그리고 앉아서 한참을 펑펑 울었다. 사방은 고요한데, 욕실을 가득 메운 나의 울음소리 때문에 누군가가 나와 같이 울고 있다는 생각이 잠깐 들었다.

얼마나 울었을까. 세수를 하면서 거울을 보고 있자니, 아침에 함께 이야기를 나눈 딸아이의 얼굴이 떠올랐다. 호기심 어린 눈빛의 내 아이. 과연 그 아이에게 엄마의 어릴 적 심정이 그대로 적힌 일기장을 보여줄 수 있을까? 굳이 보여줘야 할까?

이런 일기 내용을 읽게 된다면 딸아이가 뭐라고 말할까? 엄마를 비웃진 않을까? 별별 생각이 다 들었다. 분명히 한 권쯤은 반드시 집에 있을 거라고, 엄마도 한 때 일기를 성실하게 쓴 멋진 학생이었다고 큰소리를 쳐놨는데….

눈물을 닦고 다시 거실로 나왔다. 충혈 되어 따끔거리는 눈으로 소파에 앉으면서 탁자위에 올려놓은 일기장을 물끄러미 바라보았다. 그러자 일기장 너머의 책꽂이에 꽂혀있는 내 책들이 눈에 들어왔다. 그 중에 유독 눈에 띄는 제목이 보였다.

『항상 나를 가로막는 나에게』 알프레드 아들러의 책이었다. 나이 들어가는 동안 자주 읽으면서 영혼의 친구로 삼겠다고 생각하며 책꽂이의 가장 잘 보이는 곳에 꽂아두었던 책이었다. 그 책이, '모자라다는 느낌은 정상'이라고 하면서 내게 말을 걸어왔다.

'당연하게도 열등감은 문제가 아니다. 병도 아니다. 발전하려고 노력하는 건전한 자극제가 된다. 문제는 그 열등감이 너무 강해 우울증이 되는 경우이다. 우울증으로 자신을 가둬버리고 어떠한 진지한 노력도 발견도 하지 않으려 들 때, 열등감은 병이 된다.'

지금에 와서 생각해 보니 일기를 쓸 당시의 나는 깊은 우울증으로 성적을 비관하며 자신을 무참히 짓밟고 인생을 부정적으로 살고 있었다. 나름 죽어라 공부를 했지만 학습요령이나 뚜렷한 목표 없이 한 공부로 최상위권에 들 방법을 몰라 허우적댔다. 그리고 부모님께 자랑스러운 딸이 될 수 없음에 많이 좌절하고 안타까웠다.

그럴 때마다 십년 뒤, 이십년 뒤 어른이 된 나를 상상하면서 그 때

즈음에는 진짜 특별하고 멋진 사람이 되어있을 줄 알았다. 그럴 줄 알았다. 그런데 과연 지금의 내가 그 때 그리던 내 모습인지 확신이 서질 않았다. '뭔가 되어있을 줄 알았는데…'

시련을 누구나 겪게 마련이다. 그렇지만 아무나 교훈을 얻는 것은 아니다.

-존 맥스웰-

엄마
잠깐!!

'나는 왜 이러고 사나?' '내 인생, 지지리 궁상맞다.'

아이를 키우며 집안일에, 직장 생활까지 하다보면 어느 순간 이런 생각들이 찾아올 때가 있어요. 엄마, 그럴 땐 지난날의 나를 되돌아보는 시간을 한 번 쯤은 가져볼 필요가 있어요. 꿈 많던 어린 시절의 일기장이나 사진을 들춰보거나 오랫동안 연락이 뜸했던 친구에게 연락을 한 번 해보세요.
과거를 되돌아보고 진실 된 나의 모습을 고백하는거에요. 그리고 아픈 상처가 있다면 충분히 연민의 감정을 표현하세요. 이 과정은 엄마라는 역할을 잘 소화해 내기 위한 출발점이 되어 줄거에요.

02
집에 들어앉은 여자가
되어있지 않을까?

아이는 하교 후에 엄마의 일기장을 보고는 눈이 휘둥그레졌다.

"우와! 엄마도 일기장 있었네! 사실 나 있잖아… 친구들한테 우리 엄마도 일기장 있을 거라고 말해뒀거든."

"그… 그랬어?"

딸에게 나의 어린 시절 일기장을 보여주기로 결심을 하고 조심스럽게 내밀었다. 그러자 엄마의 일기장을 본 아이의 반응은 예상외로 폭발적이었다. 아마도 친구에게 지고 싶지 않아서 장담을 해놓은 것 같았다. 하지만 태어나서 한 번도 본적이 없는 엄마의 일기장이 집에 있을지는 확신할 수는 없었기에 등교하는 길에 나에게 슬그머니 물어보았던 것이다.

비록 눈물로 얼룩진 어린 시절이지만 아이에게 나의 과거를 밝히기로 마음먹었다. 내가 쭈뼛거리며 내민 일기장을 아이는 싱글벙글한 표정으로 받아들고는 자신의 책상 위에 올려놓았다. 그 후 여느 때와 마찬가지로 생활을 했다.

아이가 책상 앞에 앉아서 숙제를 하는 모습은 가끔 보였지만 일기장을 펼쳐서 읽고 있는 모습은 좀체 눈에 띄지 않았다. 내가 보지 않을 때 틈틈이 읽고 있었던 걸까? 아이에게 일기장 검사를 맡기고 나자 이튿날까지는 몹시 신경이 쓰였다.

엄마의 어릴 적 속마음을 읽는 동안 우리 딸은 무슨 생각을 할까? 읽고 나서는 어떤 반응을 보일까? 무척이나 궁금해졌다. 동시에 일기장을 읽고 난 아이에게 무슨 말을 해줘야할지 고민이 되기 시작했다.

주말이 되니 아이는 일기장을 돌려주면서 환한 얼굴로 이렇게 말했다.

"엄마, 잘 읽었어. 별 내용 없던데 뭘 그렇게 걱정했어? 엄마, 나는 엄마를 많이많이 사랑해."

예상외의 반응이었다. 내가 짐작했던 아이의 반응은, '엄마 어렸을 때 큰이모보다 공부 못 했구나?' 라던가 '엄마도 공부 못했으니까 우리한테 공부 잘 하라는 말은 하지마!'였다. 그도 그럴 것이 일기장 속의 주된 내용이 성적비관, 형제간의 비교로 인한 열등감, 자존감 낮은 모습들이 대부분이었기 때문이다. 간혹 가다가 자살충동에 대한 내용도 쓰여 있었다.

그런데 이런 내용을 읽은 초등학교 3학년생인 내 딸이 난데없이 엄마를 사랑한다니. 나는 그 순간 가슴이 먹먹해졌다. 울컥 눈물이 나오려는 것은 간신히 참을 수 있었지만 목소리가 떨려오는 것까지는 감출수가 없었다.

"으으응…그...래...알았어."

일기장을 돌려받자마자 나는 혼자 방에 들어가서 다시 읽어보았다. 일주일 전에 일기장을 막 찾아서 읽었을 때와는 조금 다른 느낌이었다.

중학교 시절, 선생님께 제출하지도 그 누구에게 검사를 맡을 필요도 없었지만 하루하루가 너무 힘들고 고달파서 울면서 써내려갔던 일기였다. 부모님께도 형제들에게도 털어놓지 못한 나만의 상처와 아픔들은 일기장 군데군데 떨어진 눈물방울들이 대신 말해주고 있었다. 눈물로 번진 볼펜자국을 어루만지자 22년 전 일기를 쓰고 있던 중학교 2학년생 단발머리의 내가 떠올랐다.

1992년 05월 21일 Thursday
오늘 수학, 사회, 과학 시험을 쳤다.
내 능력을 최대로 발휘했다고 생각하지는 않는다. 성적표를 받아올 때마다 엄마는, 평소 내 실력보다 항상 더 많은 점수가 나온다고 말씀하신다. 난 엄마가 이런 말씀을 하실 때마다 가슴이 답답해진다. 많이는 아니지만, 나도 안 보이게 나름 노력하는데… 여기서 더 많이 노력해야 되겠지만…

자신감이라고는 눈꼽만큼도 없고 열등감에 사로잡혔던 나는, 늘 성적을 비관하며 자존감이 바닥인 중학생이었다.

"으이그! 이 가시네야. 너, 공부 그리도 하기 싫으믄, 중학교 졸업하고 여상에나 들어가! 그라고 은행에 취직해서 얼렁얼렁 시집이나 가부러라! 가서 애나 낳고 평생 주부로 살어!"

전라도가 고향인 엄마는 딸이 공부하는 모습이 눈에 보이지 않을 때마다 지역 방언이 진하게 녹아있는 말투로 자극을 주시곤 했다.

나의 고향은 경주다. 당시에 그 곳은 비평준화 지역이었다. 원하는 고등학교에 입학하기 위해서는 체력장과 고입필기시험 점수를 합산하여서 중학교 3학년말에 지망하는 학교에 원서를 제출해야했다. 그러고 나서 커트라인을 통과해야 입학이 가능하던 시절이었다.

중학교 내내 공부를 잘 했던 언니는 부모님께서 원하시는 대로, 경주에서 가장 공부를 잘 하는 여학생들만 모인다는 경주여자고등학교에 거뜬히 합격했다. 그리고 학교에 다니는 동안에도 우수한 성적으로 부모님을 기쁘게 해드렸다.

막상 집에 있으면서는 미안한 마음보다는 걱정스러운 마음이 더 커졌다. '과연 지금 나는 잘 살고 있는 것 일까?'하는 것이다.

반면에 나는 언니에 비해서는 늘 공부를 못하는 동생이었다. 부모님께서는 두 딸들이 같은 학교에 다니길 바라셨는데 나의 성적을 탐탁하지 않아 하시며 틈만 나면 언니와 비교하셨다.

지금에야 엄마는, 학창시절에 딸이 공부를 하는 모습을 좀체 볼 수가 없어서 충격요법으로 자극적인 훈계를 했다고 고백하신다. 그렇지만 이십 여 년이 지난 후에도 내가 이렇게 생생하게 기억하고 있다는 것은 그만큼 가슴에 큰 상처로 남아있기 때문이다.

'말이 씨가 된다'는 속담이 있다. 과거에 엄마께서 하셨던 그 말씀이 현실이 되었다. 지금 나는 애 둘을 키우며 주부로 살고 있다. 상업고등학교에 진학하여 은행원이 되지는 않았지만 물론 상고를 졸업한다고 해서 은행원이 되는 것도 아니고, 은행원 되는 길도 여간 어려운 것이 아니다. 부모님께서 원하시던 직장에 들어갔고 10년 넘게 일했다. 그 동안에도 애기 키우는 엄마로 살겠다고 육아휴직을 두 번이나 냈으니, 엄마 말씀대로 시집가서 애나 낳고 현재로서는 주부로 살고 있는 것은 분명한 사실이다.

올해가 두 번째 육아휴직이다. 첫 번째 육아휴직은 큰아이가 세 살이 되던 해에 둘째 아이를 출산하면서 이 년간 했었다. 올해는 둘째 아이의 초등학교 적응을 도와주기 위해 집에 있다.

워킹맘으로 살기 시작하면서부터 마음 한 구석에는 식구들에게 미안한 마음이 생기기 시작했다. 큰아이를 낳았을 때에는 직장생활을 이 년간 했는데 친정 부모님께서 아이를 돌봐주셨기 때문에 가능한 일이었다. 부모님의 노후를 편안하게 해드리지 못해서 내내 죄송한 마음이었다. 그리고 엄마의 손길이 한창 필요한 어린 아이에게는 함께 있어주지 못해서 미안했다.

그래서 둘째 아이를 낳은 후로는 세 살이 될 때 까지 내 손으로 키워보기로 마음을 먹었다. 이런 나를 보고 주위사람들은 독립심이 강하다고들 한다. 속사정은 그게 아닌데….

막상 집에 있으면서는 미안한 마음보다는 걱정스러운 마음이 더

나쁜 감정이 훨씬 빨리 전염돼요

엄마가 되면 긍정적인 감정보다 부정적인 감정이 더 커지는 것 같아요. '엄마로서 나는 잘하고 있는 걸까?' '우리 아이는 잘 크고 있나?', '우리 가정은 잘 살고 있는 건가?'하는 물음에 자신 있게 "네"라고 답할 수 있는 엄마는 아마도 거의 없을 거에요. 하지만 이것 한 가지는 꼭 기억하세요. 감정도 전염 Emotion Contagion이 된답니다.

부정적인 감정이 긍정적인 감정보다 전염성이 15배나 더 강하다고 해요. 학교에서 학생들을 가르치면서 부모님의 감정상태가 아이에게 많은 영향을 미친다는 사실을 피부로 느꼈습니다. 엄마, 오늘부터 당신이 가족들에게 어떤 감정을 전염시킬지 차분하게 생각해 보셨으면 좋겠어요.

커졌다. '과연 지금 나는 잘 살고 있는 것 일까?'하는 것이다. 남들은 젊었을 때 조금이라도 더 벌어보겠다고 맞벌이를 하고, 경력이 단절되지 않기 위해서 어떻게든 직업전선에서 버티고 있는데 나는 지금 뭐하고 있는 건지 불안한 마음도 생겼다. 이게 과연 잘한 결정인건지 확신이 서지 않을 때가 종종 있었다.

그러면서 미래의 내 모습을 떠올려 볼 때면 막막해지기도 한다. 십년 후에 어떤 삶을 살고 있을지를 상상해보니 두려움도 더해진다. 어영부영 나이만 먹다가 혹시 아무런 꿈도, 희망도 없이 마냥 집에 들어앉아 있는 여자가 되지나 않을까? 걱정이 앞섰다.

인생은 안전지대 끝에서 시작된다.

- 닐 월시 -

03
과연 나는 계속 성장하는
사람일까?

요즘 각종 매체에서 '경단녀'라는 말을 자주 듣게 된다. '경력단절여성'을 줄여서 하는 말로, 임신·출산·육아와 가족의 돌봄 등을 이유로 경제활동을 중단하였거나 경제활동을 한 적이 없는 여성 중에서 취업을 희망하는 여성을 말한다. 이 용어는, 2008년 '경력단절여성 등의 경제활동 촉진법'이 만들어지면서 퍼지게 되었는데, 여성들을 도와주겠다고 만들어진 본래 취지와는 상관없이 오히려 여성들의 심기를 불편하게 하는 부정적인 뉘앙스를 풍기는 표현이 되고 말았다.

나는 현재, '경단녀'를 자청하고 집에 있는 한시적인 전업주부다. 육아를 이유로 경제활동을 중단했으니 말이다. 속사정을 모르는 분들은, 인생의 황금기에 굳이 집에 들어앉으면서까지 육아에 전념하려는 이유를 궁금해 한다. 육아휴직을 두 차례나 하면서까지 말이다. 대체 무슨 일을 하길래 저렇게 직장과 집을 자유롭게 오가면서 아이를 키우나 하는 반응들이다.

나는 초등학교 교사다. 직업을 밝히면 다른 업계에 종사하고 있는 엄마들은, 애 키우기 딱 좋은 직업이라고들 말한다. 그러면서 '나도 교사나 할 껄'하고 부러워하기도 한다. 반면에 전업주부인 친구들은, 애 키우기 딱 좋은 그 편한 직장을 왜 굳이 쉬냐고 타박 아닌 타박을 할 때도 있다.

최근에 지인들을 만나 앞으로의 경단녀 계획을 말한 적이 있었다. 그러자 다들 한사코 나를 말렸다. '너무 오랜 기간 일을 쉬게 되면 사회로 복귀할 때 힘이 많이 들 거다'라고 걱정하는 목소리부터 '남편이 쓸 만큼 벌어오니 배부른 소리를 한다'고 비아냥대는 사람들도 있었다.

친정 부모님께서도 집에 있는 나를 볼 때마다 걱정스럽게 말씀하신다. "언제까정 애만 키우고 집에 들어앉아 있을 거다냐. 남들은 시방 눈 까뒤집고 돈 한 푼이라도 더 벌려고 애를 쓰고 있는디!"

2015년 7월 2일자 통계청 조사에 의하면 우리나라 기혼여성 5명 중 1명이 '경단녀'라고 한다. 결혼한 여자가 다섯이 모이면 그 중 한 명은 직장을 그만 두었거나 쉬고 있는 사람인 셈이다. 경력단절 사유는 결혼41.6%로 가장 많고 그 다음이 육아31.7%, 임신·출산22.1% 순이다.

이에 더하여 사회적 인식은 아줌마보다는 커리어우먼이 낫다고들 하는 분위기다. 그러니 사회 후방으로 배치된 주부의 삶을 만족스러운 눈길로 보는 사람들은 많지 않을 것이다.

한 푼이라도 더 벌어야하는 젊은 시절에 애 키운답시고 집에 들어

1장 '떠나는 삶'을 위한 용기

앉아 있는 나를 보고 부모님과 지인들이 걱정하는 것은 어찌 보면 당연하다. 하지만 나는 허리띠를 졸라매야 하는 한시적 외벌이를 감수하고도 경단녀를 자처했다. 그 이유는 육아와 동시에 간절히 하고 싶은 것이 있었기 때문이다. 바로 바쁜 일상 속에서 잊혀져가는 '나를 찾는 일'이었다.

지금으로부터 14년 전, 나는 대학교 졸업과 동시에 부모님께서 정해주신 직업을 갖게 되었다. 엄마의 꿈이었던 직장 여성, 그 중에서도 여자 직업으로는 최고라 여기신 초등학교 교사가 되었다. 태어나서 처음으로 부모님을 기쁘게 해드렸다는 뿌듯함에 행복했던 때가 바로 교사발령이 났던 2001년 3월 1일이었다.

하지만 사회인이 되고 보니 예상치 못했던 낯선 세계가 나를 기다리고 있었다. 대학 때까지 배웠던 것과는 전혀 무관한 세상공부가 필요했다. 사회생활에 적응하는 동안 예전과는 달라진 나의 모습과 사고방식으로 인해서 부모님과도 마찰도 생기기 시작했다. 학교에서 학생들을 가르치면서 여러 학부모님들 및 수많은 부부들을 만나게 되었는데 그 때부터 '부모'라는 존재에 대해 깊이 생각해 보게 되면서 나의 부모님을 다시 보게 되었기 때문이다.

다양한 모습의 가정에서 자라온 학생들을 보고 있노라면 부모라는 존재가 한 사람의 인성에 지대한 영향을 미친다는 것을 알 수 있었다. 주변에서 연세 지긋하신 교사부부와 그들의 자녀가 화목한 모습을 볼 때면 마음이 흐뭇해졌다. 그러면서 은근히 나의 부모님과 비교하기 시작했다. 우리집에서는 찾아보기 어려운 모습들이어서 많이 부러웠다.

그 즈음부터 서서히 부모님으로부터 물리적, 정신적 독립을 꿈꾸기 시작했다. 자유롭고 싶어졌고 이제는 내가 스스로 인생을 설계하며 살고 싶었다. 하지만 부모님께서는 굉장히 엄하시고 보수적이셨기 때문에 다 큰 처자가 혼자 집을 나가서 사는 것은 절대 용납하지 않으셨다.

그러기에 집으로부터 합법적으로 독립을 선언할 수 있는 기회를 찾아보았다. 내겐 딱 두 가지 방법이 있었다. 업무상으로 해외를 나가거나 그렇지 않을 경우, 결혼을 해서 새 보금자리를 꾸리는 것이다.

"해외파견교사가 되어서 외국에서 영어도 공부하고 학생들도 가르치며 국위를 선양하고 오리라" 말씀드리면 부모님도 흔쾌히 승낙하실 것 같았다. 그래서 직장생활 틈틈이 영어공부를 했고, 경력을 쌓으며 학교생활을 열심히 하고 있었다.

그런데 계획한 대로만 인생이 순순히 풀리면 그건 인생이 아닌 거다. 직장생활 3년차에 아는 분의 소개로 한 남자를 만났고 계획에도 없던 연애를 시작했다. 부모님께서는 교제를 시작 할 때부터 무진장 반대를 하셨다.

데이트가 있을 때마다 만나는 장소가 어디인지 궁금해 하셨고, 귀가 시간을 알려 달라 하시며 급기야 통금시간까지 정해주시는 등 딸의 연애생활을 엄격히 규제하셨다. 지금에야 나 역시 딸을 가진 엄

<u>다양한 모습의 가정에서 자라온 학생들을 보고 있노라면 부모라는 존재가 한 사람의 인성에 지대한 영향을 미친다는 것을 알 수 있었다.</u>

마입장에서 볼 때 부모님이 어느 정도는 이해가 가지만, 그 당시에 언니까지 합세하여 나의 귀가시간을 엄마께 세세히 알려드리며 막강한 외압을 행사했을 때에는 정말이지 고난의 연속이었다.

그럼에도 불구하고 눈에 콩깍지가 쓰이는 여느 연인들이 그렇듯이 나는 그 남자와의 결혼을 추진했는데 부모님의 분노는 극에 달했다. 엄마는 우선, 남편이 장남이라는 이유로 반대하셨다.

7남매 중 장남인 아버지를 만나 30년이 넘는 결혼생활 동안 맏며느리라는 굴레에서 갖은 고생을 하신 엄마는 '맏'자의 무게를 누구보다도 잘 아시기에 딸도 자신과 같은 삶을 살게 될까봐 많이 걱정하셨다.

또한 한 살 밖에 차이나지 않는 미혼인 언니를 제쳐두고 하는 결혼인 점도 반대 이유로 크게 작용했다. 거기에다 남자친구의 부모님을 뵙고 온 날, 많이 속상해하는 나를 보시고는 역정을 더 크게 내셨다.

그동안 나는 스스로를 꽤 괜찮은 신붓감이라고 생각하고 있었다. 세간에 떠도는 말로, 며느리 후보감 1순위라는 직업을 가지고 있었고 생긴 것도 나름 어디 내놔도 인물로는 빠지는 축은 아니라고 생각했기에 엄마가 늘 그렇게 말씀하셔서 나는 그런 줄 알고 살고 있다. 남자친구 부모님께 환영받는 며느리가 될 줄 알았다.

하지만 막상 남자친구의 부모님을 뵈니 나를 탐탁하지 않아 하시는 듯 했다. 환영받으며 결혼하고 싶었고 사랑받는 며느리가 되고 싶었는데 그렇지 못할 것 같았다. 나는 실망감에 남자친구에게 그날 일방적으로 이별을 통보했다.

그렇지만 그는 하루가 멀다 하고 우리집 앞까지 찾아와서 끈질기게 구애를 했다. 만나 달라 해도 거절도 해보고, 부재중 전화가 수십 통 찍혀도 계속 무시도 했었다. 하지만 인연이 되려고 그랬는지 가정을 꾸리고 사는 미래의 내 모습을 상상할 때면 그가 항상 내 곁에 있었다. 아무래도 그가 나의 반쪽이 될 것 같은 강한 느낌이 있었다. 눈에 콩깍지가 단단히 쓰였던 거다!

"엄마, 미경이 아무래도 결혼하려나 봐요. 책꽂이에 보니까 부부에 대한 책을 사서 읽나보더라고요." 언니의 놀림을 받으면서도 부부 그리고 결혼이 뭔지에 대한 책을 읽기 시작한 건 남자친구와 결혼할 것 같은 강한 예감이 들었기 때문이다.

책으로 연애를 한다는 요즘세대들의 자조 섞인 표현을 읽을 때면 예전의 내가 떠올라서 웃음이 나온다. 나는 그 당시 책이 아니면 달리 방법이 없었다. "연애 한 번 잘 못하면 신세 망친다"던 엄마의 세뇌교육과 대학시절 3년을 기숙사 사감선생님과도 같았던 언니와의 자취생활 덕분에 제대로 된 이성교제를 해 본 적이 없었다. 게다가 주변에 나의 결혼을 찬성하는 사람이 아무도 없는 상황이어서 책이라도 읽으면서 자체적으로 신부수업 및 부부 및 남녀관계를 탐구해 해보기로 했다.

'남녀가 다르지 않았다면 사랑도 하지 않았을 것이다. 성격이 서로 다르기 때문에 싸우는 것이 아니라, 서로 다르기 때문에 사랑에 빠지게 되는 것이다.'『잘 싸우는 부부가 잘 산다』김경우의 말이다.

　나는 분명 나와 다른 모습의 그를 사랑했다. 또한 아버지한테서는 느낄 수 없었던 따뜻하고 배려 깊은 남자의 모습에 반했다. 이 남자라면 나의 이상적인 배우자 조건에 어느 정도는 부합된다 싶었다. 그래서 식구들의 반대에도 불구하고, 눈에 콩깍지가 쓰인 여느 연인들처럼 나 역시 장밋빛 청사진을 그리며 결혼을 감행했다.

　결혼은 내가 태어나서 처음으로 나를 위해 내 손으로 직접 내린, 인생의 첫 중대 결정이었다. 내 힘으로 꾸린 가정은 그동안에 꿈꿔왔던, 사랑이 가득한 곳으로 만들어 보기로 했다. 우리의 결혼을 마뜩치 않아 하신 양가 부모님 보란 듯이 잘 살아야겠다고 굳게 다짐했다.

　그러나 결혼은 현실이었다! 부부 중 한 사람만의 이상과 의욕으로 뚝딱 만들어지는 그런 것이 아니었다. 서로의 다른 모습에 매력을 느끼며 사랑에 빠졌던 우리는 서로가 다르다고 으르렁대며 싸우기 시작했다.

　내가 선택한 사람, 과연 나의 선택이 옳았던 건지 의문이 들기 시작했다. 단지 부모님을 떠나 자유롭고 싶다는 이유로 섣불리 결혼을 한 것은 아니었을까 하는 후회가 밀려왔다. 나는 아직 철부지 어린애였다. 그 어린애가 아이 둘을 낳고 거기에 동갑내기 큰 아들을 하나 더 키우게 생겼으니….

　과연 그는 나와 무슨 생각으로 결혼한 걸까? 그럴 때마다 나는 시간이 절대적으로 필요하다고 느꼈다. 부부라는 무겁고 소중한 이름

을 알아갈 시간, 엄마라는 역할을 파악할 시간, 그리고 나라는 사람
이 대체 어떤 사람인지 절실히 알아야 할 필요가 있었다.

가만히 서 있으면 절대로 발가락을 찧을 일이 없다.

빠르게 움직일수록 발가락을 찧기 쉽지만

그만큼 어딘가에 도달할 가능성도 커진다.

– 찰스 케터링 –

소중한 사람에게 받는 상처는 더욱 아프다

아내로 살면서 가장 힘들 때가 있어요. 바로 남편에게 응원이나 위로를 받지
못할 때죠. 소중한 사람한테 격려 받지 못하면 마음에 상처가 생겨요. 어릴 때
부모로부터 만들어진 상처가 있다면 지금 현재의 관계에도 영향을 미친다고
하네요. 살면서 부부간에 사소한 자극이 과거의 기억과 비슷하면, 과거의 기
억이 되살아나 폭발적으로 화를 내게 되거나 지금의 관계가 힘들어진다고 하
네요. (출처: 『부부가 달라졌어요』 중에서)

내 안의 나를 되돌아보고 과거를 고백하고 보듬어 주는 것, 정말 중요한 일인
것 같아요.

04
그녀들은 왜 나이가 들수록 더 잘 나갈까?

막상 결혼을 하고 보니 우리부부는 드라마 속에서 봄직한, 매일같이 깨가 쏟아지는 신혼부부는 아니었다. 그건 그냥 드라마 속 이야기일 뿐이었다.

어느 주말 아침, 김치찌개를 끓이다가 친정에서 엄마가 해주시던 맛있는 찌개 맛을 흉내내보려고 설탕을 조금 넣은 일이 있었다. 남편은 찌개를 먹고 인상을 찌푸리더니 무엇을 넣었냐고 물었다. 나는 죄지은 사람마냥 미안해하며 설탕을 조금 넣었다고, 무언가 빠진듯한 맛이어서 혹시 단맛인가 싶어서 그렇게 했다고 하자 남편이 눈썹을 치켜뜨며 말했다.

"자기야, 누가 김치찌개에다가 설탕을 넣냐! 당장 엄마한테 전화해서 물어봐."

시어머니께 전화해서 배우라는 것이었다. 순간 자존심이 상했다. 태어나서 내 손으로 처음 끓여본 김치찌개였다.

갓 주부가 되긴 했지만 살림살이나 요리에는 그야말로 젬병일 수밖에 없었다. 학창시절에 학교와 집 밖에 몰랐고 졸업하고 곧장 직장생활을 시작했다. 요리에는 취미도 없었고 타고난 재능도 없다는 것은 인정할 수 있었다. 하지만 아내 연습 하고 결혼하는 사람이 어디 있겠는가!

20대 중반을 갓 넘긴 두 젊은이들이 생애 처음으로 결혼이란 걸 했으니, 요리든 뭐든 가정생활 전반에 걸쳐 모르는 것은 당연한 것 아닐까? 서로 응원해주고 격려해주며 살아도 힘든 게 결혼생활인데 아침부터 일찍 일어나서 요리한 아내에게 수고했다는 말은커녕 시어머니께 가서 요리를 배워오라고 하다니!

주말에는 더 자고 싶고 쉬고 싶은 마음은 직장인이라면 다 같은 마음일거다. 따뜻한 이불 속에서 더 누워있고 싶은 유혹을 떨치고 일찍 일어나서 주방에서 분주하게 움직인 새신부에게 신랑이라는 사람이 해준 말에, 솔직히 어이가 없었고 무지 서운했다. 이제 막 한남자의 아내가 된 기쁨, 한가정의 안주인이 된 행복감에 찬물을 뒤집어 쓴 기분이었다.

며칠 후 시댁에 간 남편은 식구들이 모두 듣는 자리에서 설탕을 넣은 김치찌개 이야기를 꺼냈다. 얼굴이 화끈거렸고 쥐구멍에라도 숨고 싶었다. 찌개 하나 맛있게 끓여보려고 의욕이 넘쳤던 새댁은 단번에 웃음거리가 되어버렸다. 홍당무가 된 얼굴로 애써 썩은 미소를 지으며 내내 가시방석에 앉아있었다.

자녀가 자라면서 모델링하는 최초의 부부 모습은 바로 부모님의 모습이다. 나는 무의식적으로 친정엄마가 하셨던 내조를 흉내 내며 결혼생활을 시작했다. 남편과 시댁식구들을 위해서 희생해 온 엄마, 그러한 아내의 내조를 당연한 '서비스'로 생각하신 권위적이고 가부장적인 아버지. 나는 알게 모르게 적극적이다 못해 희생적인 내조를 하는 것이 아내의 도리라고 무의식적으로 생각하고 있었다.

아내 마음 생각 않고 돌직구를 날려대는 남편이지만 나는 그의 건강이 항상 걱정이 됐다. 알레르기 비염이 있는 그에게 면역력을 키우자면서 철마다 보약을 먹자고 달려들었다. 장건강이 좋지 않은터라 아침마다 과일 주스를 갈아주고 회사에 과일 샐러드를 싸 줄테니 몸 생각해서 먹으라고 강권했다. 지금 생각해보니 나는 열혈 아내였다.

전형적인 공대생의 이미지를 가진 남편을 예쁘게 입혀보고 싶어서 값이 나가도 브랜드 있는 옷을 사주고 때깔 곱게 맞춰 코디해서 입히고 싶었다. 그러자 남편은 "왜 결혼 전에 친엄마한테도 듣지 않았던 잔소리를 너에게서 들어야 하냐"며 내조가 달갑지 않다고 화를 내기에 이르렀다.

비벌리 엔젤은 『여성들의 아주 특별한 지혜』에서 여성들이 아직도 남성들과의 관계에서 자신을 상실해 가고 있다고 말한다. 낭만적인 관계를 맺는 와중에 여성이 스스로 남성에게 종속되어 버리는 점을 안타까워하고 있다.

따라서 관계를 유지하는 동안 자신의 자의식을 지켜 나가는 게 여성에게는 중요한 문제라고 지적한다. 남성과 동등한 인격체로서 여성 스스로 자신을 변화시켜야 할 책임감과 그를 위한 구체적인 전략이 필요하다고 말한다.

'좋은 아내' 되기를 출발점으로 시작했던 나의 결혼생활은 이듬해에 큰 아이를 낳자 '좋은 엄마'가 되어야겠다는 생각으로 옮겨갔다. 그러다가 집안에서 내가 감당해야 할 역할이 하나둘씩 늘어갈수록 나 자신은 가정에서 그리고 나의 마음속에서도 서서히 뒷전으로 잊혀져가기 시작했다.

친정엄마께서 큰 아이를 돌봐주시면서 직장생활과 대학원을 다니며 정신없이 하루하루를 보냈다. 그러다가 큰 아이가 첫 돌이 되었을 때, 둘째 아이를 가지게 되었다. 이 사실을 양가부모님께 알려드렸는데 양가 부모님들의 반응은 나의 기대와는 많이 달랐다. 우선 친정엄마는 손주 둘을 돌보는 것은 체력적으로나 심적으로나 자신이 없다고 말씀하셨다.

아무래도 직장생활과 육아를 병행하려면 누군가의 도움을 받아야 하는 상황이었다. 시부모님께 둘째 손주 소식을 알려드리니 어머님의 반응은 생각보다 차가웠다. 터울 조절에 실패한 것이 아니냐고 내게 물으셨는데 순간 너무 당황스러워서 입이 떨어지지 않았다.

그런 어머님 앞에서 남편은, 큰 아이는 처가에서 이 년간 봐주셨으니까 둘째는 엄마가 봐주면 좋겠다고 말씀을 드렸다. 당시 시어머니께서는 직장생활을 하고 계셨기에 무리한 부탁인줄을 알면서도 혹시나 하는 마음에 기대를 했었다.

아들의 물음에 어머님은 일언지하에 거절하셨다. 당신께서 당장에 직장을 그만둘 경우에 퇴직금에 생길 손실과 노후준비에 대한 현실적인 말씀을 해주셨다. 무리한 부탁인줄은 알고 있었지만 막상 말씀을 들었을 때는 정말이지 가슴이 너무 아팠다.

큰아이를 낳으면서 둘째 아이와의 터울은 2~3년이면 딱 좋겠다고 생각하고 있었다. 그리고 오래 기다리지 않고 뱃속에 찾아온 둘째가 나는 눈물 나게 고마웠다. 그런데 주변 식구들의 반응은 내 마음 같지가 않아서 몹시 섭섭했다. 그 때부터 나는 속앓이를 시작했다.

사실 아이가 하나였을 때까지만 해도 승진을 염두해 두고 있었기에 직장생활을 이어나가면서 육아를 병행하면 좋겠다는 생각을 하고 있었다. 그런데 양가부모님과 말씀을 나누고는 그런 마음이 싹 가셨다.

아이는 온전히 엄마인 내 책임이구나 싶었다. 아이가 둘이 될 거라는 생각을 하니 정신을 바짝 차리게 되었다. 그 때부터 나는 승진하겠다는 욕심을 접었고 직장에서 허락하는 육아휴직 기간을 모두 쓰겠다고 마음먹었다.

둘째 아이 출산이 임박해 오자 남편은 뜬금없이 제안을 하나 했다. 산부인과 의사선생님의 힌트를 감안할 때 둘째는 아들이라고 하니 시부모님께 손자의 신생아 때의 모습을 보여드리면 어떻겠냐는 것이었다. 그 말인 즉은, 나더러 '시댁에 가서 산후조리를 하라'는 것이었다.

산후조리는 해 본 사람만이 그 고통을 안다. 자연분만이건 제왕절개건 배꼽 아래로는 불편함이 말도 다 할 수 없고, 위로는 젖가슴이 퉁퉁 불어서 수시로 모유가 비집고 나온다. 수유를 위해서 수시로 유방을 내놓는 것은 기본이며 화장실도 자주 들락날락 거려야 한다. 그 뿐인가? 조리한다는 미명하에 하루 종일 누워있을 수밖에 없을 터인데 그런 모든 행실을 시댁에서 하라는 것이다.

혹자는 말한다. 아이를 낳은 산모는 여왕대접을 받아야 한다고…. 그런데 대한민국 하늘 아래, 시댁에서 며느리가 여왕 대접을 받는다는 것이 언감생심 가능하기나 한 일인가? 게다가 둘째 아이의 임신 소식을 전해드렸을 때 시어머니의 말씀에 적잖이 당황했던 나는 남편의 제안에 어의가 없었다.

남편은 어머님께서 먼저 제의를 한 것이라며 우겼지만 나는 기대조차 하지 않았다. 시어머니와 나 사이에서 그가 설레발을 치는 것이 분명해보였다. 뜻은 고맙지만 산후조리는 내가 계획해 놓은 게 있으니 좀 기다려보라고 남편을 진정시켰다.

분만 예정일이 가까워왔지만 시어머니께서는 평상시처럼 계속 출근을 하시는 듯 했다. 며느리의 산후조리를 위해서 연차 또는 휴가는 내신다거나 하는 절차를 밟으셨다는 소식은 접하지 못했다. 결정적으로 며느리의 산후조리를 해주시겠다는 직접적인 말씀도 없으셨다. 내 예감이 적중했다. 남편의 설레발이었다!

아이를 출산하고 병원 맞은편에 위치한 산후조리원에 2주 동안 몸조리를 하고자 들어갔다. 그 곳에 있는 동안 남편은 평일에는 출근하느라 오지 않았다. 주말에는 함께 있어주겠거니 하며 기다렸는데 마침 시부모님을 모시고 방문했다.

대한민국 하늘 아래, 시댁에서 며느리가 여왕 대접을 받는 다는 것이 언감생심 가능하기나 한 일인가?

부모님께서 첫 손자를 반가워하시며 기뻐하시는 동안 남편은 나를 조르기 시작했다. 언제 시댁에 들어가서 몸조리를 할 거냐는 거였다. 나의 속마음을 몰라주는 그에게 서운함과 짜증이 밀려왔지만 나름의 생각이 있으니 기다려보라고 진정시켰다.

시부모님께서 조리원을 나서시기에 바래라 드리러 엘리베이터 앞까지 나갔을 때 어머님께서 남편에게 "너는 여기 안 있을 거냐?"하고 물으셨다. 그러자 남편은, "응. 나 여기 더워. 안 있을 거야"하면서 휙 뒤돌아 가버렸다.

그날 밤이 깊도록 남편은 끝내 조리원으로 돌아오지 않았다. 워낙에 더운 것을 못 참는 사람이라서 회사에 출퇴근하는 평일동안은 집에서 잠을 자는 것이겠거니 하고 생각했다. 하지만 주말에는 와서 함께 있어 줄 거라고 내심 기대하고 있었다. 그러나 다음날이 밝도록 그는 끝내 오지 않았다. 필시 시댁에서 몸조리하는 것을 거절한데에 대한 앙갚음으로 느껴졌다.

그 때 만큼 다른 부부들이 부러웠던 적이 없었다. 옆 호실에서는 우는 아기를 어르며 아내와 도란도란 이야기를 나누는 남편들의 굵직한 목소리가 들려왔다. 가끔 복도에서 마주친 남편들의 모습은 모두 사랑 가득한 아빠이자 지상 최고인 남편의 모습이었다.

세상에 태어난 부부 사랑의 결실인 아기, 그 아기를 함께 돌보며 아내 곁을 지켜주는 그들의 모습이 눈에 띄었다. 다들 허름한 반바지, 민소매 차림에 새집 지은 머리 모양새였지만 내 눈에는 여느 신사복 광고에 나오는 모델 못지않게 멋지고 매력적인 모습이었다.

나는 홀로 조리원 방 안에서 아기와 마주하고 덩그러니 앉아 있자니 버림받은 느낌이 들었다. 서러움이 복받쳐서 펑펑 울며 며칠 밤을 지샜다. '애 낳고 산모가 울면 눈이 나빠진다'는 어른들의 말씀이 귓가에 맴돌았지만 흘러내리는 눈물을 막을 수는 없었다.

'모자동실'이라는 훌륭한 취지의 조리원에서, 두 시간도 채 못 되어 깨서 우는 신생아를 수유하고 기저귀를 갈고 안아서 달래는 일은 혼자 감당하기에는 역부족이었다. 이제 막 두 돌을 넘긴 큰아이까지 떠오르면서 얼른 집으로 가고 싶어졌다. 홀로 남겨진 큰아이도 지금의 나처럼 자신이 버림받았다는 생각을 하고 있지는 않을까 걱정이 되었다.

결국 계획했던 몸조리 기간보다 앞당겨서 퇴실을 결심했고 짐을 싸고 있던 차에 친구에게서 전화가 왔다. 출산을 축하한다면서 자신의 근황을 알려준 친구는 조만간 신랑과 해외여행을 간다고 했다. 오래전부터 남편이 계획한 여행이라면서 기대가 크다고 했다.

출산을 축하한다는 동료선생님들의 전화도 이어졌다. 겨울방학 동안의 근황을 물었더니 다들 그 동안 배우고 싶었던 연수도 다니고 취미활동도 하며 즐겁게 보낸다고 했다.

나만 빼고 다들 잘 나가는 것 같이 느껴졌다. 갈수록 밑바닥까지

떨어지는 나의 자존심은 어떻게 추슬러야할지 도무지 감이 잡히지
않았다.

성공의 비결은 좋은 패를 쥐는 게 아니라 나쁜 패를 쥐고도 잘 활용하는 것이다.

— 워런 레스터 —

셀프 '칭찬' 아끼지 마세요!

저는 아이가 둘이 되면서, "아이를 보느니 차라리 밭일을 하겠다"는 옛 어른
들의 말씀이 자주 떠올랐어요. 그 정도로 아이를 돌보는 일이 초반에는 힘들
었거든요. 엄마로서 해야 하는 일이 버거워 질수록 자아상(Self-Image)이 조
금씩 일그러지게 되는 것 같아요. 잘 나가는 옆집 엄마들과 나를 비교하면서
자존감도 많이 떨어지고요. 이런 감정들이 결국에는 신세한탄으로 이어지죠.
이럴 때에는, 셀프감정코칭(Self-Emotion Coaching)을 해보세요. '감정코칭'이
라는 말은 자주 들어봤을거에요. 양육서에서는 부모들이 자녀들의 감정을 코
칭해주라는 말을 하고 있어요. 자녀의 EQ(감성지수)를 높이기 위해서 말이죠.
하지만 그 출발점은 반드시 엄마의 감정이 잘 추슬러졌을 경우에요. 엄마, 당
신이 타인으로부터 위로를 받고 싶을 때 이렇게 해보세요. 듣고 싶은 말을 나
스스로에게 해주면서 자신의 감정을 코칭해 보는거에요. 이 세상에서 나의 어
려움을 가장 잘 알아주는 유일한 사람은, 바로 나 자신이기 때문이에요.
"애기 키우느라 고생이 많네." "너는 지금 잘하고 있어." "힘내!", "사랑해."
오늘부터 자신에게 이렇게 말해보세요.

05
이미테이션이 아닌 진짜
보석이 되라

'엄마처럼은 살지 않을 거야. 두고 봐!'

결혼식 전날 밤, 잠을 청하며 속으로 다짐했다. 부모님으로부터 어렵게 승낙을 받았고, 언니의 절연_{絕緣} 선언으로 속이 상할 대로 상한 채 맞이하는 결혼식이었다. 우여곡절이 많았던 만큼 내 손으로 꾸리는 새 보금자리는 지구상에서 최고로 멋지고 이상적인 가정으로 만들고 싶었다.

사랑이 넘치고 서로를 아껴주는 부부와 아이들이 몸도 마음도 건강하게 자라는 가정의 모습을 그렸다. 서로 사랑하는 화목한 가족의 모습을 마음속으로 생생하게 그려보고 간절하게 바랐다.

결혼을 앞두고 한 남자의 아내가 될 마음의 준비를 하면서, 아내라는 자리에 대해 많은 고민을 했다. 그리고는 부모님의 모습을 객관적인 입장에서 떠올려보기 시작했다. 어렸을 적에는 부모님이 전지

전능한 거인처럼 느껴졌다. 그런데 어른이 된 후 다시 뵈니 느낌이 전혀 달랐다.

학창시절에 내가 느낀 엄마는 엄하고 무서운 분이셨다. 자식 다섯이 좀 더 나은 사람이 되도록 가르치셨고 걱정하셨다. 하지만 내가 어른이 되고 나서 마주한 엄마는, 시집오던 당시의 가냘프고 마음 약한 소녀의 모습이 그대로였고 내면의 상처를 많이 가진 안쓰러운 영혼이셨다.

8남매 중 막내딸로 자란 엄마는 아버지를 일찍 여의셨지만, 형제 간에 귀여움을 독차지하며 자라셨다. 소녀티를 갓 벗은 스물 세 살의 나이에 7남매의 장남으로 네 살 연상인 아버지와 결혼을 하셨다. 엄마는 연로하신 친정엄마에게 걱정을 끼쳐드리고 싶지 않아서 일찍 결혼을 했다고 한다.

당시에는 5만원을 주인집에 내면 월세형식으로 한 달에 5천 원씩 감해가는, 요즘으로 치자면 월세방에서 신혼을 시작하셨다. 엄마의 표현을 빌리자면, 주인집에서 가축을 기르던 공간을 수리해서 만들어놓은 볼품없는 판자집 같았다고 한다.

공무원시험에 합격하여 새 직장을 구했다는 기쁨도 잠시, 신체검사를 하신 아버지는 폐결핵 진단을 받으셨다. 총각시절 강원도 산골에서 혼자서 일하실 때, 잘 챙겨드시지 않아서 영양이 부족했고 혹독한 추위 속에서 몸관리에 소홀하신 탓이었다.

청천벽력 같은 소식을 접한 엄마는 조금의 돈도 아끼기 위해서 병원에서 처방받아온 주사약을 남편의 엉덩이에 직접 놓았다. 어린 새

'엄마처럼은 살지 않을 거야'하고 시작한 결혼생활이 '엄마만큼만 살아도…'하는 생각으로 점차 바뀌어 가고 있었다.

댁은 그렇게 눈물로 숱한 날들을 보내면서도 친정엄마가 알게 되면 걱정하실까봐 홀로 속앓이를 하며 남편을 보살폈다.

아픈 남편을 간호하면서 신혼을 보내는 동안 잘 먹어야 낫는 병이라는 말을 듣고는 근처 반찬가게에서 외상으로 떼어다가 찬거리를 사왔다. 고기를 먹어야 영양보충이 된다기에 없는 살림에 돼지비계를 조금씩 사와서 남편만을 위한 찬으로 자주 올렸다. 밀린 외상값은 남편의 봉급이 들어오면 갚아나가는 '신용결제방식'으로 몇 년간을 그렇게 사셨다고 한다.

자식들이 사회인이 되자 엄마는 지나온 이야기를 자주 들려주곤 하셨다. 나이가 어느 정도 찼으니 대화가 통하고 엄마의 마음을 알아줄 것이라고 생각하셨던 모양이다. 하지만 엄마의 지난날 이야기를 들을 때마다 나는 솔직히 달갑지 않았다. 그렇듯 힘들게 살아오신 엄마에게 앞으로 더 착한 딸이 되어 효도해야겠다는 중압감 때문이었다. 그리고 가족계획에도 없던 내가 예상 밖에 생겨버린 아이라고 하실 때마다 죄송한 마음이 더욱 커졌다.

엄마는 삼 년 간의 오랜 기다림 끝에 첫 아이인 언니를 낳았다. 뒤이어 언니가 백일 즈음에 예상치도 못했던 둘째가 덜컥 뱃속에 찾아와버렸다. 그게 바로 나였다. 엄마는 15개월 터울인 언니와 나를 쌍둥이처럼 힘들게 키웠다고 하시면서 아이가 하나 둘씩 늘어나자 엄마는, 아빠로서 남편에게 많이 실망했다고 하셨다.

어느 여름엔가는 아버지가 승진시험을 준비하며 공부를 하고 있는데 내가 유난히도 울어댔다. 석유곤로와 연탄불을 쓰던 시절, 저녁상을 차리기 위해서는 방 밖에 딸린 좁은 부엌으로 나가야했다.

밥상을 내오고 울던 나를 엄마가 달래고 있었는데 아버지는, "남편이 공부 중인데 애기를 울려서 신경이 쓰이게 한다"며 밥상을 뒤엎었다고 한다. 결국 엄마는 더운 여름날 세 들어 사는 집 마당으로 나와서 어린 두 딸들과 서러움과 눈물로 시간을 보냈다.

어느 날엔가는 주인집에 아저씨의 여동생이 집에 와 있었는데 비구니 스님이었다. 그 분이 엄마의 딱한 사정을 보시고는, "왜 이러고 사십니까. 남편이건 자식이건 다 내려놓고 나랑 함께 절로 들어가십시다"라고 했다고 한다.

살아오면서 자신을 옭아맨 모든 책임과 멍에들을 어찌 내려놓고 싶지 않으셨을까. 훌훌 벗어던지고 맨 몸으로 떠나고 싶은 유혹이 수십 번 아니 수백 번도 넘으셨을 우리엄마. 수시로 버럭 하고 욱하는 남편의 성격을 참아내며 사시는 동안 엄마의 마음속 생채기는 말할 수 없이 아팠을 것이다.

결혼을 하고 한 해, 두 해를 지나오면서 친정엄마의 지난 날 이야기가 생각이 날 때면 같은 여자로, 아내의 입장으로 동정이 가고 가슴이 싸해지며 뭉클해진다. 나는 아이 둘을 낳고, 남편이 가끔씩 던지는 서운한 말 한마디에도 쉽게 마음에 상처를 받았다.

애 둘 뒤치다꺼리에 지치고 힘들 때마다 친정엄마가 자꾸만 생각이 났다. '엄마처럼은 살지 않을 거야'하고 시작한 결혼생활이 '엄마만큼만 살아도…'하는 생각으로 점차 바뀌어 가고 있었다.

"내가 뿌린 씨는 반드시 내 손으로 거둬야 한다."

힘들고 지쳐 쓰러질 때마다 엄마를 붙잡아 준 것은 다름 아닌 자식들이었다고 한다. "어미인 나마저 자식들을 버리면, 내 새끼들은 어디가든 천덕꾸러기 취급을 받을 것이다!"는 생각으로 하루하루를 버티신 것이 벌써 강산이 네 번이나 변한 세월이 되었다.

어린 시절을 돌아보면 나는 어떻게 해서든지 부모님께 짐이 되지 않기 위해서 전전긍긍했던 기억이 많다. 학창시절에는 공부로는 효도를 할 수 없는 내 머리가 매우 안타까웠다. 하지만 운이 좋았는지 결국에는 엄마가 원하시던 직업을 가지게 되었고 돈벌이를 시작하면서 독립을 해야겠다고 다짐했다. 결혼할 때에도 "니가 벌어서 니돈으로 시집가라잉!" 하시던 말씀대로 부모님께 손 벌리지 않고 결혼을 했다.

친정부모님의 마음에 섭섭함을 안겨드리고 감행한 결혼이지만 행복하게 잘 사는 모습을 보여드는 것이 효도하는 길이라 생각했다. 그런데 결혼을 하고 가장 괴로웠던 순간은 바로 남편에게서 친정아버지를 닮은 모습을 볼 때였다. 아버지를 닮은 사람과는 절대로 만나지 않겠다고 다짐했고 아버지와는 정반대의 모습이 많아서 그를 선택했다고 생각했는데, 날이 갈수록 남편은 친정아버지와 비슷한 행동들을 하나둘씩 했다.

그런 모습을 볼 때마나 나는 소스라치게 놀라면서 결국 내 발등을 내가 찍은 것 같았다. 그와 동시에 나 역시 별수 없이 친정엄마랑 똑같은 삶을 살게 되는 게 아닌가 두려워졌다. 게다가 장인과 사위가 혈액형까지 똑같은 것이 아닌가! B형 남자들이다!

가족 안에서 바람직한 관계 맺기에 힘들어하는 사람들에게 『가족의 심리학』에서 토니 험프리스는 이렇게 말한다.

"어린 시절에 풀지 못한 문제를 어른이 되어 다시 한 번 풀고자 하는 무의식이 작용한다. 때문에 사람들은 대부분 자신의 발달을 가로막은 부모와 가장 닮은 사람과 결혼을 한다. 그럼으로써 부모와 맺은 관계에서 고통스러웠던 측면들을 다시 한 번 마주하는 환경을 구축한다."

가족 안에서의 관계와 심리학에 대한 공부를 하게 되면서 비로소 알게 되었다. 엄마와는 다른 삶을 살겠다고 선포하는 딸들은, 엄마의 삶을 지켜보며 자라는 동안 마음에 상처를 입은 사람들이라는 사실을 말이다. 아빠와는 정반대의 남자를 만나겠다며 배우자를 고르는 딸들 역시 부녀지간에 건강한 관계 맺기가 되지 않은 것이다.

여자들이 막상 결혼을 하고 살다보면 새삼 느끼게 되는 것이 있다. 어느 샌가 자신이 친정엄마를 닮아있고 남편이 친정아버지와 똑같다는 사실을 말이다. 그럴 때면 이렇게 신세한탄을 하게 되기도 한다. '그래, 나도 별 수 없네. 엄마처럼 살기 싫었지만 이제는 엄마처럼만 살아도…'하고 푸념을 늘어놓거나 삶에 대한 기대와 일말의 희망을 놓아버리고 싶은 때가 찾아올 때도 있다.

하지만 이것 한 가지는 확실히 기억해야 한다. 나는 더 이상 어린 시절의 내가 아니라는 것을 말이다. 거친 원석이 모서리가 깎여나가는 고통을 감내해야 아름다운 보석으로 만들어지듯이 내 눈 앞에 닥친 지금의 시련은 새로운 나로 태어나기 위한 세공의 시간이라는 것을 잊지 말아야 할 것이다. 엄마로, 아내로 나의 역량을 시험하는 듯한 이 고비를 무사히 잘 넘기면 또 다른 새로운 모습의 나로 태어나게 된다는 사실을 잊지 말자.

자신의 인생을 살면서 누군가를 흉내내려 해서는 안 된다. 흉내 내지 않는 고유한 자신이 되어야 할 것이다. 지난 과거에 나를 옭아매지 말고 한결 가벼워진 마음으로 지금부터 나만의 인생과 사랑법을 만들어 가보자. 나는 어느 누구의 이미테이션이 아니다.

여자여, 남편도, 아이도 아닌 자신을 제일 먼저 반짝이는 보석으로 만들어라.

인생은 우리 마음대로 되지 않는다. 제 마음대로 굴러간다.
그것을 어떻게 극복하느냐가 차이를 만들어낸다.

— 버지니아 사티어 —

06
내 꿈은 항상
'밀린 숙제'였다

장을 보러 마트에 가면 할인행사 중 하나로 1+1 제품을 만나게 된다. 하나의 가격으로 두 개의 물건을 고객에게 판매하는 것이다. 마트에서 이 제품들을 볼 때마다 혼자서 피식 웃곤 하는데 학창시절의 내 모습이 마치 붙어있는 +1처럼 느껴지기 때문이다.

나는 다섯 형제 중에 둘째 딸이다. 딸 넷에 아들 하나. 그리고 막내가 아들이라고 설명을 덧붙이면 주위 사람들은 우리 부모님의 가족계획을 쉽게 알아차린다. 맏며느리로서 가문의 대를 이어야 하는 사명을 완수하신 엄마는 막내를 낳을 당시의 감동을 '올림픽 선수가 금메달을 땄을 때의 기분'으로 빗대어 표현하셨다.

마흔이 다 된 나이에 '고추'를 보신 엄마는 땅에 내려놓기에도 아깝고 눈에 넣어도 아프지 않을 아들을 정성을 다해 키우셨다. 어느 날엔가는 초등학생인 나와 언니에게 이렇게 말씀을 하셨다.

"엄마가 늦은 나이에 아들을 낳았으니, 반은 어매인 내가 키울텡

성장하는 엄마 꿈이 있는 여자

께 나 죽은 뒤에는 큰 누나랑 작은 누나인 느그들이 키워라. 잉?"

큰 딸인 언니와 막내 동생까지는 아홉 살 차이다. 그러니 엄마는 결혼 후 장장 십년 이라는 오랜 기간 동안 출산이라는 과업을 수행하신 것이다. 자식이 많다보니, 외벌이 철도공무원 박봉으로 부모님께서는 최대한 아끼고 절약하며 생활하셨다.

초등학교 때 가정환경 조사를 하면서 형제수를 물어보고 손을 드는 시간이 있었다. 선생님께서는 세 명, 네 명까지 물어보시다가 혹시나 하는 표정으로 "다..섯..명 있니?" 하셨다.그 때 나는 손을 들면서 오로지 창피한 생각밖엔 없었다. 왠지 내가 흥부네 자식들 같이 느껴졌기 때문이다.

언니와 나는 햇수로는 2년 터울이다. 하지만 음력생일이 12월인 탓에 부모님 말씀에 의하면 '일주일을 살고 한 살을 먹은 터'였다. 그래서 학교도 태어난 년도가 같은 또래에 비해서 한 해 더 일찍 들어갔고 언니와는 연년생처럼 컸다.

부모님께는 우리 둘 때문에 쌍둥이 키우는 손맛을 보셨다고 한다. 그런데 쌍둥이를 키우면서 절대해서는 안 되는 일을 하고 말았다. 바로 '비교'다. 부모님께서는 나를 언니와 늘 비교 하셨다. 적은 비용으로 고효율을 내는 자녀교육방법을 선호하신 부모님 덕분에 나는, 초등학교 6년, 고등학교 1년에 대학교 3년 동안 언니와 같은 학교를 다니며 급기야 같은 직업까지 가지게 되었다.

언니는 가냘픈 목소리부터 체형까지 '천상여자'라는 소리를 듣고 자랐고 부모님의 말씀에 순종하는 착한 딸이었다. 그에 비해서 나는

그동안 내가 이루어낸 것은 나의 꿈이 아니라, 부모님의 꿈이 아니었을까?

굵직하고 허스키한 목소리에 매사에 덤벙거리고 엉뚱한 생각하기를 좋아하는 독립심 강한 딸이었다.

당연히 차분한 성격의 언니가 학창시절에 공부도 나보다 항상 잘했다. 책상 앞에 앉아서 라디오를 들으며 조용히 영어단어를 외우는 언니 옆에서 동생들과 뒹굴고 장난치는 걸 더 좋아했던 나는, 가끔 우리가 배다른 형제인지를 의심하곤 했었다. 게다가 나는 형제들 중 유일하게 왼손잡이다!

주로 시험을 코앞에 앞두고 벼락치기가 일쑤였던 나는 성적표를 부모님께 드릴 때마다 칭찬을 받은 적이 없었다. 엄마는 늘 이렇게 말씀하셨다. 성적이 좋지 않을 때에는, "니 실력 그대로 나왔구마잉" 하셨고, 성적이 잘 나온 때에는 "친구들이 공부를 안 해서 니 성적이 올라갔구마잉."하셨다.

공부를 비롯해서 학생 때 하는 모든 활동은 언니가 항상 앞섰고 다섯 형제중의 장녀이자 맏이인 언니에게 부모님의 기대도 컸다. 아이가 많고 가계살림이 빠듯한 집에서는 자녀진로를 더욱더 안정적인 방향으로 선택하는 경향이 있다. 그 중 선호하는 직업군이 바로 교사다.

언니가 수능을 보던 해였다. 평소 실력에 비해서는 점수가 잘 안 나왔지만 워낙 공부를 잘 했던 터라 언니는 부모님이 바라시던 교육대학에 합격을 할 수 있었다. 그런데 문제는 내가 고3 바통을 받아 쥔 때부터 시작되었다.

둘째딸의 교육대학교 진학이 불안한 부모님께서는 더 자주 언니와 비교하시면서 공부에 대한 자극을 팍팍 주셨다. "언니만큼만 해도 잘하는 거다." "너도 꼭 교대에 가라." "여자 직업으로는 선생님만한 게 없다." "엄마가 어릴 적에 선생님이 그렇게 하고 싶드라." 하셨다.

사실 내 꿈은 따로 있었다. 평상시에 아버지께서 NHK, CNN 등 외국 방송을 즐겨 들으셨는데 그 모습을 보며 나도 외국어를 좋아하게 되었고 잘하고 싶어졌다. 과목을 좋아하다보니, 자연스럽게 학교에서 만난 영어선생님들이 좋아졌고 성적도 잘 나왔다. 무엇이든 좋아하고, 몰입하게 되면 좋은 결과가 나오게 된다는 사실을 나는 그 때 깨달았다.

영어를 좋아하면서 영어와 관련된 일을 하는 사람들이 무척 부러웠다. 그리고 외국어를 공부하면서 접하게 되는 새로운 문화와 정보에 가슴이 설레었다. 역동적인 삶을 살며 넓은 세상을 경험해 보고자 나는 통역사가 되고 싶었다. 하지만 내가 원하는 대학에 지망하기 위해서는 부모님의 완강한 반대를 넘어서야했다.

밥을 먹지 않고 1인 시위를 시작했다. 그랬더니 부모님께서는, "밥 안 먹으면 너만 손해지"하며 눈도 깜짝 안 하셨다. 그래서 밥은 먹고 투쟁하기로 했다. 그랬더니, "영어 잘 하는 사람은 이 세상에 차고도 넘친다. 외국 나가서 배우고 오는 사람들도 얼마나 많은데, 니가 가서는 명함도 못 내민다"고 하셨다.

대입원서 제출일이 가까워오자 보다 못한 부모님께서는 딸이 원하는 대학 두 곳에 지망하는 것을 허락해주셨다. 그 외에 입학원서는 교대와 사범대학에 넣어야한다는 단서조항이 붙었다. 모두 합격의 기쁨을 안았지만 결국 부모님께서 등록금을 내 주신 곳은 교육대학교였다. 어찌됐건 교사가 되라는 말씀이셨다. 그것도 언니가 다니는 똑같은 학교였다. 결국 깐깐한 기숙사 사감 같은 언니와 꼬박 대학 삼 년을 함께 보냈다.

자취생활 동안 나를 잘 관리해준 언니 덕분에 대학생활의 낭만인 연애도 제대로 한 번 못해봤다. 조별 과제하느라 남학생들과 함께 캠퍼스를 걸어가기라도 하면 당장에 언니친구들이 언니에게 즉각 보고해주었기 때문이다.

삼년간의 생활습관 덕분인지 대학 졸업반 때에는 홀로 남겨진 자취방에서 오로지 임용고시 합격 말고는 아무것도 생각이 나질 않았다. 밥 먹는 시간을 제외하고는 교육학 책을 달달 외웠다. 이미 교사 발령이 나서 학교에서 근무를 하고 있는 언니와 나 자신을 끊임없이 비교하며 '언니만큼은 꼭 되어야지'하며 스스로를 채찍질했다.

운이 좋았는지 좋은 성적으로 임용고시를 패스했고, 대학 졸업과 동시에 수원시 한 초등학교로 발령이 났다. 가정형편을 고려한 부모님의 진로지도 덕분에 안정적인 직업을 선택하게 된 사실에 감사했다.

하지만 시간이 갈수록 마음속에 가라앉아 있던 그 무언가가 자꾸

솟아오르는 것을 느꼈다. 가 보지 못한 길에 대한 아쉬움, 호기심, 제대로 타지도 못해보고 꺼져버린 꿈의 불씨 때문이었다.

내가 도달하고 싶은 목표점을 향해 마음껏 신나게 달리고 싶었는데, 다른 사람인 부모님의 레이스를 내가 대신 뛰어주는 느낌을 지울 수가 없었다. 꿈꾸는 삶에 대한 갈증이 해소되지 않은 채 지금껏 살아온 나였다. 그동안 내가 이루어낸 것은 나의 꿈이 아니라, 부모

아이가 다양한 꿈을 가질 수 있게 도와주세요

학교에서 학생들의 진로지도를 할 때 보면, 자녀가 공무원이 되길 바라는 30, 40대 부모님들이 참 많다는 걸 알 수 있어요. 아이가 어릴수록 부모의 영향을 크게 받기 때문에 자신의 무궁무진한 가능성을 부모님의 기대에 맞추려는 경향이 있어요.

우리가 어렸을 적에도 별반 다르지 않았던 것 같아요. 영화 『국제시장』을 보고나서 부모님 세대를 이해하게 되었다는 분들이 많은데, 물질적으로 풍요롭지 못했을 당시에는 밥벌이가 굉장히 중요했지요. 그 때문에 진로도 안정적으로 선택하는 경향이 높았죠.

현재 우리나라에는 총 1만1,927개(본직업명 5,749개, 관련직업명 6,178개 포함)의 직업이 있어요.(출처: 2015년 말을 기준, 『한국직업사전』) 직업의 개수만큼이나 자녀들이 꿈을 이룰 수 있도록 다양한 방법의 진로지도가 필요해요.

어쩌면 우리 아이 뿐만 아니라, 지금 부모인 당신도 진로나 직업에 관한 정보가 필요할 수도 있다는 생각을 해 봅니다.

• 고용노동부가 운영하는 취업포털 싸이트: 워크넷 http://www.work.go.kr/
• 한국직업능력개발원: 커리어넷 http://www.career.go.kr

1장 '빛나는 삶'을 위한 용기

님의 꿈이 아니었을까?

고생하지 않고는 열매를 거둘 수 없고, 가시밭길을 걷지 않고는

왕의 길을 걸을 수 없으며, 쓴맛을 보지 않고는 영광을 맛볼 수 없는 법이다.

- 윌리엄 펜 -

07
인생에 변명은 통하지
않는다

갈까 말까 할 때는 가라

살까 말까 할 때는 사지 마라

말할까 말까 할 때는 말하지 마라

줄까 말까 할 때는 줘라

먹을까 말까 할 때는 먹지 마라

대중들에게 많은 공감을 불러일으켰던 서울대 최종훈 교수의 인
생교훈이다. 살다보면 왕년에 잘 나가지 않았던 사람은 아무도 없는
것 같다. "내가 왕년에 말이지…" "내가 한 때는 잘 나갔는데…"하는
말들의 공통점은 모두 '과거형'이라는 사실이다.

엄마들도 마찬가지다. 아이들 앞에서 모든 엄마들은 한 때 잘 나갔
던 여자들이다.

"엄마가 학창시절에는 말이지…"

"너네 낳기 전에 엄마가 말야…"

엄마들이 자주 우려먹는 신세한탄 레퍼토리다. 애낳고 주부로 살다보면 현재가 과거보다 만족스럽지 않을 때가 더 많다. 인생살이가 생각보다 녹록치 않다는 사실을 뼈저리게 느낄 때가 있다. 그럴 때면 한 때 잘 나갔던 과거의 시간 속에 나를 숨기며 위안을 찾고 싶어진다. 그런데 따지고 보면 결국 지금의 나는 과거의 내가 만들어낸 결과물이다. 인생이란 순간순간의 선택들이 모인 기다란 스펙트럼이다. 선천적으로 타고난 것까지야 나의 선택이라고 말할 수는 없지만 성인이 되고나서부터 마주하게 되는 현실은 내가 불러들인^{또는 끌} ^{어당긴} 운명이다.

끌어당김의 법칙을 주제로 한 책, 론다 번의 『시크릿』이 한 때 국내에서 선풍적인 인기를 끌었다. 내용을 간단히 말하자면, 무언가를 간절히 원하면 그 일이 일어나게끔 주변 환경이나 조건들이 만들어져서 결국에는 이루어진다는 것이다.

번은 책을 쓰면서 에스더, 제리 힉스 부부에게 큰 영향을 받았는데 그들의 저서 『유인력 끌어당김의 법칙』에서는 현재 자신의 모습에 대해서 기쁨을 느끼지 못하는 사람들에게 이렇게 말한다.

"당신의 존재 상태라는 것은, 언제 어느 때이건 자신에 대해서 스스로 느끼는 방식이다."

어릴 적, 식구가 많은 집에서 자라다보니 진정으로 내가 하고 싶은 것 보다는 해야 하는 것이 늘 인생의 우선순위를 차지했다. 학창시절 나의 공부목표는 부모님께서 원하시는 직업을 갖는 것이었다.

가고 싶은 길이 있었지만 경제적인 여건, 집안 상황을 고려하여 내 안의 욕구나 바람을 우선은 접어둘 수밖에 없었다. 그래서인지 무엇을 해도 내 길이 아닌 것 같았고 처음부터 열정을 가지고 시작했던 것은 그리 많지 않았다. 다행히 일단 시작하고 보니 적성에 맞았고 재미가 붙은 것이 교사생활이었다.

부모님의 '저비용 고효율 자녀 진학 원칙'에 따라 교대에 입학하면서 나는 스스로를 1+1 인생으로 규정짓고 있었다. 사립대학교에 비해서 교육대학교는 상대적으로 등록금이 낮다. 일정 평점을 넘으면 부분장학금 및 전체장학금 혜택을 받을 수 있었기 때문에 성적관리를 조금만 잘해도 등록금의 절반만 내면서 학교에 다닐 수 있었다.

언니와 나는 학점에 신경을 쓰며 대학을 다녔고, 번갈아 가면서 장학금을 받았기 때문에 부모님께서는 가정경제에 큰 도움이 된다고 하셨다. 자식 셋이 나란히 대학교에 가게 되었을 때에는 위의 두 딸들이 셋째의 사립대학 등록금 마련에 큰 공을 세웠다고 치켜 세워주셨다.

나의 꿈을 접고 가정형편에 따라 진학한 대학이었지만 내심 캠퍼스의 낭만은 기대하고 있었다. 하지만 학생들 사이에서 '고대고등학교 같은 대학교, 고생스런 대학교'라고 불리는 학교는 고등학교 생활과 별반 다르지 않았다. 때가 되면 수강할 과목과 학점이 정해져 나왔고 한 학기에 최소 20에서 많게는 25학점을 이수하며 오로지 임용고시 합격을 위해서 전교생 모두가 달려야 하는 생활이 4년간 계속되었다.

그렇다해도 친구들은 M.T며 동아리 활동과 인근 종합대학교 남학생들과 미팅도 자주 하며 즐거운 시간을 보내는 듯 했다. 하지만 나는 입학과 동시에 언니와의 동거로 황금 같은 대학시절의 절반이상을 '사감님께 점검받는 기숙학생'의 심정으로 살았다. 간신히 부모님의 간섭에서 벗어났다고 생각했는데, 언니는 부모님보다 잔소리가 더 디테일했다!

어찌됐건 현실과 타협하여 교대에 진학한 이상, 대학생활에 재미를 붙일만한 구석을 찾아야 했다. 그래서 찾은 것이 내가 좋아하는 교과인 '영어'였다. 교대에서도 영어공부를 할 수 있는 길이 있었다.

입학 때는 영어과를 지원했다가 수능성적으로 밀려서 윤리교육과에 배정을 받았다. 하지만 학년말에 학점이 꽤 좋게 나온 적이 있었는데, 과를 옮기는 것이 가능하다는 소식을 듣고는 얼른 영어교육과로 전과를 신청했다.

막상 신청을 해놓고는 갈까 말까하고 수없이 고민했다. 이미 1학년을 보내며 친구들이 친해져 있었고, 혼자 새로운 학과 분위기에서 잘 적응을 할 수 있을까 걱정이 되었기 때문이다. 하지만 마음이 시키는 일은 항상 옳다는 것을 과를 바꾸는 경험을 하면서 알게 되었다. 갈까 말까 했을 때는 가야한다. 바로 '후회'와 '미련'이 남지 않기 때문이다.

영어과에 들어가서 하고 싶었던 공부를 하게 되어 황홀했다. 게다가 초등학생들에게 내가 좋아하는 과목을 재미나게 가르칠 수 있는 기술까지 배우게 되어 일석이조였다. 또한 새로운 과에서 함께 나이 들어갈 평생 친구를 만나게 되었다는 것이 내 인생의 가장 큰 소득이었다. 새 학과에서 적응을 도와준 고마운 두 친구, 영주와 명희를 만났다. 이제는 애 둘씩 키우는 아줌마 삼총사가 되어 함께 나이 들어가는 좋은 인생 벗이 되었다.

학교 안에서 언니의 레이다망을 피해서 재미있게 지낼 수 있는 방법을 눈을 반짝이며 계속해서 찾았다. 그래야 대학생활에 활력이 생길 것 같았다. 과를 옮기자 영어공부를 더 즐겁게 할 수 있는 방법이 많이 보였다. 교대 학생들이 좀 체 가까이 하지 않는 원어민 교수님들을 친구로 사귈 수 있었다. 그 당시 '모닝클래쓰'라 하여 평일 아침 정식교육과정 수업 전에 영어스터디 모임에도 참여했다.

학과 공부가 아닌 딴 짓을 하는 동생이 못마땅해 보였는지 언니는 가끔 잔소리를 했다. 하지만 나는 학교생활이 갈수록 재미있어졌기에 언니의 충고가 귀에 들리지는 않았다. 좋아하는 일, 잘 할 수 있는 일, 가슴을 뛰게 하는 일에 매진하면, 아무것도 보이지도 들리지도 않는 몰입flow의 경지에 이를 수 있다는 것을 그 때 깨닫게 되었다.

대학시절을 통해 얻은 인생교훈은, 교직생활을 하는 동안에 학생들에게 활용할 수 있는 산지식이자 교재가 되었다. 자신이 관심이 있는 분야를 찾고 매진해보라고 조언을 해주면 빡빡한 하루일과에 맥이 풀려 있던 학생들의 눈이 초롱초롱해지는 것을 볼 수 있었다. '꿈'이란, 존재가 살아있음을 느끼게 해주는 활력소와 같다는 것을 학생들의 눈빛을 보며 알게 되었다.

세상을 놀래 키고 대중들에게서 존경 받는 삶을 살아온 사람들을 보면 그들은 '때문에'가 아니라 '그럼에도 불구하고'의 인생을 살아온 사람들이다.

가슴이 뛰는 일은 오래도록, 즐겁게 할 수 있으며 결과도 좋을 때가 많다고 하지 않던가? 사람은 하나의 커다란 자석으로 자신이 간절히 원하는 것들을 끌어당기는 힘이 있다고도 하지 않던가?

가슴을 뛰게 하는 일을 찾아 나서고 몰입을 하자 주변환경들이 나를 도와주기 시작했고 운이 따르는 날들이 계속되었다.

영어공부에 대한 열정, 교대생 치고는 특이한 행보를 예의주시하고 있던 원어민교수님이 KO-TESOL에서 주관하는 영어연극에 나가 볼 것을 권유해 주셨다. 어설픈 영어실력이었지만 혼자서 대본을 쓰고, 같은 과선배와 후배 몇 명을 모아서 한남대학교에서 연극을 선보였는데 뜻밖에 발음상과 MVP를 받았다.

가슴이 뛴다는 이유 하나 만으로 무턱대고 인근 대학교에서 열린 영어말하기 대회에도 참가했었다. 어느새 친구가 된 원어민교수님 션과 모리슨이 준비를 도와주었고 대회 당일에는영어를 전공으로 하는 타학교의 여러 참가생들을 제치고 당당하게 최우수상을 받았다.

'미쳐야 미친다' 하지 않던가? 대학 후반부 2년 동안 영어에 미쳐 있었던 나는 서울에 소재하는 유수한 대학생들과 영어패널토의에 참가하여 좋은 경험도 쌓았다. 그 곳에서 만난 교수님께서 그 당시에는 흔치 않았던, '워킹할리데이'라는 것을 제의해주셨지만 해외에 나가기 위해서 일단 비행기 값이 든다는 얘기를 듣고는 일찌감치 포기해야 했다.

지난 나의 이력을 으스대려고 지금 이 글을 쓰고 있는 것이 아니다. 갈까 말까 할 때에는 가보고 나서 후회해도 늦지 않다는 것을 말해주고 싶은 것이다. '지금 우리집 형편에…' 또는 '내 주제에 뭘 할 수 있겠어'라고 자포자기하는 영혼들에게 희망의 메시지를 전하고 싶다. 당신의 존재라는 것은, 그 누구도 아닌 당신 자신이 스스로를 느끼는 방식이기 때문이다.

나의 가슴이 뛰던 지난 모든 경험들이 당시에는 교사라는 직업과 직접적인 관련이 없다고 주변인들에게 많은 핀잔을 받았다. 하지만 발령이 나고 교사가 되고 보니 그러한 경험이 유용하게 쓰이게 되었다.

요즘은 학원 뺑뺑이에 매일 제출해야 하는 숙제 속에서 꿈이 없이 하루하루를 살아가는 학생들이 많다. 그런 아이들을 만날 때는 많이 안타깝다. 자신의 무궁무진한 가능성을 현실의 잣대로, 주변인들의 판단으로 재단해버리고 있는 것 같아서다.

이러한 아이들에게 지난 나의 경험을 들려주며 자신이 관심이 있는 분야를 찾고 매진해보라고 조언을 해준다. 또한 자신의 관심사를 교실로 가져와서 계발활동 시간에 뜻이 맞는 친구들과 함께 다뤄본다. 그러면 빡빡한 하루일과에 맥이 풀려 있던 학생들의 눈이 초롱초롱해지는 것을 볼 수 있다. '꿈'이란, 존재가 살아있음을 느끼게 해주는 활력소와 같다는 것을 학생들을 보며 알게 되었다.

지난 나의 경험들은 엄마가 된 다음에도 많은 도움을 주었다. 내 아이가 관심 있어 하고 흥미로워하는 무언가에 몰입할 수 있도록 시간과 환경을 조성해 주고 기다리는 마음가짐이 생겼다. 바로 가슴이 뛰게 하는 무언가에 몰입했을 때의 짜릿함을 내 아이도 느끼게 해주고 싶기 때문이다.

이 즈음에서 앞서 언급했던 에스더, 제리 힉스 부부의 또다른 말을 들어보자.

"지금 당신이 체험중인 현재 상황은 그 다음의 체험을 위한 발판 역할을 합니다. 그 현재 상황으로부터 다음의 생각 또 그 다음의 생각이 촉발되는 것입니다."

주위를 둘러보면 '~ 때문에 못해'라든가 '~라서 안 되겠어'라는 말을 입에 달고 사는 사람들이 꽤 많이 있다. 하지만 세상을 놀래 키고 대중들에게서 존경 받는 삶을 살아온 사람들을 보면 그들은 '때문에'가 아니라 '그럼에도 불구하고'의 인생을 살아온 사람들이다.

위대한 성공자들에 제한되는 말이 아니다. 지금 당신 주변에서 제일 밝게 빛나는, 닮고 싶은 또는 함께하기에 기분이 유쾌해지는 사람의 얼굴을 떠올려보자. 그들은 자신이 처한 상황과 현실이 어두울지라도 작은 촛불을 스스로 켜 혹독한 현실을 이겨내고 있는, '그럼에도 불구하고'의 인생들 일 것이다.

어려운 상황들이 나를 옭아매더라도 나의 가슴을 뛰게 하는 일이 있다면 일단 시도해보길 바란다. 인생의 주인공은 바로 당신이다.

'왕년에 잘 나갔는데…'를 현재형으로 바꾸어가는 삶을 살아보자. 한 번 뿐인 인생에는 리허설이 없다.

진정한 비극의 주인공은 살면서 일생일대의 분투를 준비하지 않는 사람,
자기 능력을 모두 발휘하지 않는 사람, 자신의 한계에 맞서지 않는 사람이다.

－ 아널드 베넷 －

08
10년 후 나는
어떤 모습일까?

"선생님, 자신의 미래에 대한 밑그림을 어디서부터 어떻게 그려
나가야할까요?"
"인생의 마지막 장면에서부터 시작해야지."

　에릭 시노웨이가 쓴 『하워드의 선물』이라는 책에서 스승과 제자가
인생에 대해 나눈 대화이다. 미래에 대해서 궁금해 하는 제자에게,
갑작스런 심장마비로 쓰러졌다가 기적적으로 살아난 스승 하워드는
이렇게 말한다. "죽음을 맞이하는 순간에 인생이 어떻게 보였으면
좋겠는지 생각해 볼 필요가 있다."
　이 책을 읽고 난 뒤, 나는 미래가 막막하다는 생각이 들 때마다 훨
씬 더 먼 미래 즉 인생의 마지막 장면을 그려보는 습관이 생겼다. 지
나온 시간들을 추억해 내는 것은 그리 어렵지 않다. 하지만 미래의
모습은 그려내기가 쉽지가 않다. 심지어 막막하기까지 할 때도 있

다. 아마 이런 생각을 평상시에는 잘 하지 않고 살기 때문일 것이다.

'나의 중년, 노년은 과연 어떤 모습일까?'

내 자신에게 물음을 던졌다. 한창 매스컴에서 유행했던 표현 마냥 나도 '꽃중년'이 되어 있을까? 과연 그럴 수 있을까? 아예 인생의 마지막 장면에서부터 시작해 보기로 했다. 길었던 인생의 여정 중에서 분명 마음에 들지 않는 것도 많고 그럭저럭 만족스러운 것도 있을 것이다. 하지만 '그래, 살아오면서 이거 하나만큼은 정말 잘한 것 같아!' 라고 말할 수 있을 만한 것이 있어야하지 않을까하는 생각이 들었다. 거기서부터 시작해 보았다. 십년 후의 내 모습을 상상하기가 힘들었던 나는, 시간을 껑충 건너뛰어서 인생의 마지막 장면을 그려보기로 했다.

너그럽고 인자한 모습에 나이든 한 할머니가 침상에 누워있다. 웃음주름이 잡힌 두 눈가에는 이슬이 맺힌 듯 눈물방울이 고여 있다. 아이들은 각자 결혼을 했고, 두 명씩 자녀를 낳았다. 둘에서 여덟으로 불어난 나의 자녀들. 나의 침상을 둘러싸고 서 있기도 하고 앉아있기도 한다. 그리고 돌아가면서 나에게 이별을 고하며 각자 하고 싶은 이야기를 시작한다.

남편은 내가 좋아하는 빨간 튤립꽃을 한다발 사서 머리맡 꽃병에 꽂아 두었다. 그리고는 곁에 다가와 앉으며 손을 잡아주었다. 그의 눈가에도 나와 함께 지나온 세월의 흔적이 웃음주름이 되어 고스란

10년 후의 미래가 궁금해진다면 인생의 마지막 장면을 그려보자. 그러면 지금을 어떻게 살아야 할 것인가가 명확해 질 것이다.

히 남아있다.

각자 한 남자의 아내, 한 여자의 남편이 된 나의 두 아 아이들이 한 마디씩 돌아가면서 이야기를 한다. 큰 아이인 딸이 제일 먼저 말문을 열었다. "엄마, 그 동안 수고 많았어요. 우리 키우면서 힘든 순간에도 늘 웃어줘서 고마워요. 엄마를 보면서 인생은 즐거운 것, 꿈을 쫓으며 열정적으로 살아야 한다는 걸 알게 되었어요. 우릴 사랑하고 아껴주고 믿어줘서 고마워요. 엄마랑 함께 한 시간들 정말 즐거웠고 감사해요. 이 세상사는 동안 엄마는 무척 행복해보였어. 다음 세상에서도 우리 또 만나요. 사랑해."

누나의 말을 듣고 있던 아들 녀석, 세 살적에나 보여줬을 익살스런 웃는 표정을 애써 지어보이며 입을 연다. "엄마, 장난기 많고 욕심도 많은 아들 키우시느라 고생 많으셨어. 하늘에서 지켜봐요. 나 있잖아. 반드시 엄마의 가르침대로 자식들을 배려깊은 사랑으로 키울게. 아빠노릇, 남편노릇도 잘 할게. 그리고 세상에 꼭 필요한 사람, 좋은 영향력을 미치는 사람으로 살게요. 엄마, 사랑해. 고마워."

마지막으로, 두 아이들의 말이 끝나기를 조용히 기다리고 있던 남편이 말한다. "자기야, 결혼 후 십년 넘게 나를 이렇게 불러오고 있는 남편, 아마도 늙어서까지도 이렇게 부르지 않을까 싶다. 내게 해준 모든 사랑 참 고마웠어. 다음 세상에도 우리 다시 만나서 부부로 살자. 그 때는 내가 더 잘 해 줄게. 사랑해, 자기야. 나도 곧 따라갈 테니 먼저 가 있어."

남편의 기운 없는 표정을 보면서 나는 한 마디 할 거다.

"다음 생에 나는 남자로 태어 날거에요"라고. 그럼 남편은 이렇게 받아치겠지.

"그럼 내가 여자로 태어나서 쫓아다닐꺼야"라고.

언제가 될지는 아무도 모르지만 우리 모두는 반드시 왔던 곳으로 다시 돌아가게 된다. 필연적으로 맞이하게 될 나의 미래, 그 인생의 끝을 상상해본다. 이 글을 쓰는 순간에도 눈물이 흘러내린다.

지금은 2015년 7월 21일 화요일 아침 6시. 바로 십 여분 전, 출근 길을 재촉하며 집을 나서는 남편을 엘리베이터까지 배웅하고 들어 왔다. 그 겸에 잠들어있는 두 아이에게로 갔다. 나뒹굴어진 베개를 베어주며 머리를 쓰다듬어주고는 다시 컴퓨터 앞에 앉아 글을 쓰고 있다.

당장의 일은 아니지만 언젠가는 맞이하게 될 그 날에 나는 어떤 모습의 아내로, 그리고 엄마로 기억되고 싶은지 생각해 보았다. 또한 무엇보다, 나라는 존재가 어떤 모습의 한 사람으로 기억되고 싶은지, 인간 김미경의 소명은 무엇인지를 생각해보았다.

상상만으로도 가슴이 뭉클해지고 눈시울이 뜨거워진다. 그와 동시에 지금 이 순간이 매우 소중해진다. 침상에 누워있을 노인에 비하면 지금 나의 몸은 아주 젊고 생기발랄한 청춘이다. 작별을 고할 내

반쪽. 영원히 헤어질 생각을 하니, 오늘 저녁에 퇴근하면 좀 더 잘해 줘야겠다는 생각이 든다. 그리고 나의 아이들.

아이들에게 어떤 엄마로 기억되고 싶은지를 떠올려보면, 해주어야 하는 것보다는 하지 말아야할 것들이 선명하게 떠오른다. 아이가 하기 싫어하는 것을 억지로 하게 하지 않는 것이다. 억지로 무언가를 하며 인생의 제한된 시간을 낭비하게 하고 싶지는 않다. 특히 공부에 있어서 부모로서 어떤 입장에 서야 하는지가 확실해 진다.

어릴 적 학창시절의 경험을 통해서 어른들은 잘 알고 있다. 요령이나 전략 없이 공부하는 것은 맨 땅에 헤딩하는 것이다. 선의의 경쟁자라 하더라도 형제간의 비교는 아이의 영혼을 갉아먹는 지름길이다. 무엇보다도 세상을 배우고 알아가는 데에는 학교에서 받아오는 성적표 그 이상의 능력이 필요하다. 결국 엄마라는 사람은 자녀의 긴 인생 여정에서 단지 초반길 가이드일 뿐이다.

내 아이가 닮고 싶어 하는 인생의 롤모델이 되는 것. 그것이 부모로서 그리고 엄마로서 해줄 수 있는 최고의 것이 아닐까 싶다. 인생의 마지막 장면에 미리 다녀오니 앞으로의 자녀교육의 방향이 더욱 확실해 짐을 느꼈다.

"우리 엄마가 하루하루 즐겁게 지내는 걸 보니 세상에는 재미있는 일들이 참 많은가봐. 엄마가 공부하는 모습을 보니 세상에는 배울 것이 참 많은가봐. 우리 엄마를 보니 알겠다. 세상에는 좋은 사람들이 참 많은가봐. 인생은 살아볼 만한 것 같아."

내가 만들고 싶은 미래는 지금 이 순간의 크고 작은 선택을 통해서 만들어 낼 수 있다. 그러기에 무척 다행이라는 생각이 든다. 행복한 모자관계, 따뜻한 가정을 내 손으로 만들어낼 수 있다는 확신이 서기 때문이다.

사람이 죽어서 남기고 가는 것은, 가죽도, 이름 석 자도 아니다. 바로 살아있는 동안에 주변인들과 맺어두었던 '관계'를 남기고 떠나는 것이다. 함께 공유했던 '추억'을 남기고 떠나는 것이다.

이 세상을 떠날 때 나를 배웅해줄 사람들에게 당신은 어떤 사람으로 기억되고 싶은지 생각해 보길 바란다. 그러면 서서히 당신이 살아가고 싶은 인생이 그려질 것이다. 기억되고 싶은 당신의 모습을 짧은 글귀로 남겨 미래의 묘비명으로 적어보는 것도 좋겠다.

'영혼이 따스했던 성인아이, 현재를 살고, 현재에 행복하다가 어른이 되어 미래에 잠들다.'

이는 나의 묘비명이다. 10년 후의 미래가 궁금해진다면 인생의 마지막 장면을 그려보자. 그러면 지금을 어떻게 살아야 할 것인가가 명확해 질 것이다. 죽음의 문턱까지 다녀온 인생 선배, 하워드 스티븐슨의 말이 가슴 속에 메아리친다.

"여행자와 방랑자의 차이를 알겠나? 여행자는 스스로 길을 걷지만 방랑자는 길이 대신 걸어준다네."

지금 선택해야 한다. 당신은 인생의 여행자가 될 것인가, 아니면
방랑자가 될 것인가?

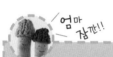

'관찰'이 대화의 씨앗

학교에서 학부모님상담을 하다보면, 아이들과 말할 거리가 많이 없어서 대화
를 길게 못한다는 분들이 예상외로 많아요. 기껏해야, "학교는 잘 갔다 왔어?"
"숙제는 다했니?" "배고파?"와 같은 말 외에는 딱히 생각나는 이야깃거리가
없다는 것이죠.

이런 고민이 있는 엄마들에게 작은 습관 하나를 추천하고 싶어요. 바로 '관찰'
을 하는 것이에요. 아이의 모습을 찬찬히 관찰하고, 그 모습을 엄마의 입으로
서술해주면서 대화를 시작하면 되는 거에요.

예를 들어, "싱글벙글 웃는 걸보니 기분이 좋은가보다. 엄마한테 이야기 해 줄
래?" 또는 "오늘 유난히 어깨가 처져 보이네. 무슨 일 있었어?"하는 식이죠.
나를 관심 있게 지켜봐주는 사람에게 아이들은 마음의 문을 쉽게 열어준답니
다. 엄마, 오늘부터 스스로에게 물어보시길 바래요. '나는 내 아이에게 어떤 엄
마로 기억되고 싶은가?'하고 말이죠.

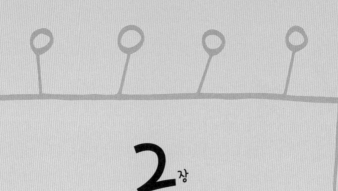

2 장

진정 내 삶에
'주인공'이 되려면

:

자신이 될 수 있는 사람보다 조금이라도 못한 사람으로 남아 있으면

하루하루가 불행의 연속이 될 것이다.

– 에이브러햄 매슬로 –

01
'아줌마'로 살지,
'사모님'으로 살지는
내가 정한다

사람들은 결혼을 하면서 행복한 부부 그리고 화목한 가정을 꿈꾼다. 나 역시 마찬가지였다. 하지만 나의 마음 한 구석에는 불안감이 크게 자리 잡고 있었다. 부부로서 위태로웠던 친정 부모님의 모습들이 우리 부부사이에서도 재연되지는 않을까하고 많이 걱정했다.

혹여 우리 부부가 '사랑과 전쟁'이라는 텔레비전 프로그램 속의 주인공이 되지는 않을까 자주 마음이 쓰였다. 그러면서 불안한 부부의 모습을 무의식적으로 끌어당기고 있었는지도 모르겠다.

둘째 아이를 낳고 백일 무렵에 있었던 일이다. 산후조리원에서의 일로 남편과 사이가 내내 서먹서먹했다. 남편은 퇴근 후 작은 아이를 안아주고 큰아이와도 잘 놀아주었지만 부부사이는 냉랭하기는 마찬가지였다. 나는 기분이 몹시 나빠서 말을 섞고 싶지 않았지만 아이를 키우면서부터는 아이 덕분에라도 대화를 하게 되었다. "난 둘째 수유할 테니까 큰아이랑 좀 놀아줘." "알았어." 이런 식이었다.

어느 날 밤이었다. 안방에서 네 식구가 모두 함께 자고 있었다. 큰 아이와 남편은 바닥에서, 나와 둘째 아이는 침대 위에서 자고 있었다. 자정이 가까운 시각에 둘째 아이가 울어서 수유를 하고 있었다. 그 와중에 남편 핸드폰에서 문자 메시지 알림음이 울렸다.

'이 시각에 대체 누구지? 설마?'

순간 불길한 예감이 들었다. 역시나! 여자의 육감은 정확하다. 저장되지 않은 번호로 온 문자 내용은 이러했다. '내가 너한테나 아양을 떨지 누구한테 이러겠니? 오늘 고마웠구 … 앞으로도 너한테 자주 조언을 구할게.'

여자임이 분명했다. 아닌 밤중에 홍두깨도 유분수지 이게 웬 날벼락인가 싶었다. 멍해진 머리로 아이에게 젖을 물렸다.

'이 인간이 바람을 피우나? 아양을 떨 정도의 관계라면 보통사이가 아닌데 어디까지 간 거지? 대체 저 X의 정체는 뭘까? 드디어 우리부부에게도 올 것이 왔구나. 그래, 사랑 아니면 전쟁이랬다!'

갑자기 심장박동이 빨라지면서 온갖 부정적인 장면을 상상하기 시작했다. 수유를 마치고 아기를 이부자리에 눕혔지만 도무지 잠이 오지 않았다.

다음날도 남편은 평상시처럼 출근을 했고, 나는 조용히 여행 가방을 꺼냈다. 작은아이 수유용품에 아이들과 내 옷가지 몇 벌을 챙겼다. 눈물이 하염없이 쏟아졌다. 내가 이러자고 결혼한 걸까? 결국 내 남편도 여느 남자들과 똑같다는 생각이 들었다.

그러면서 내 어린 시절이 떠올랐다. 친정아버지는 취미활동과 이

갑자기 심장박동이 빨라지면서 온갖 부정적인 장면을 상상하기 시작했다. 수유를 마치고 아기를 이부자리에 눕혔지만 도무지 잠이 오지 않았다.

성 친구를 사귀는 문제로 늘 친정엄마를 힘들게 했었다. 딸은 엄마 팔자를 닮는다는데 내가 그 짝인가 보다 싶었다.

두 아이를 차에 태우고 시동을 걸었다. "엄마, 외할머니 집에 다같이 가는 거야? 얏호!" 24개월 된 딸아이는 차에 타면서 한껏 들떠 있었다. 그도 그럴 것이 동생이 태어난 후 줄곧 혼자서 외할머니 집에 갔는데 이번에는 엄마도 같이 가니 기분이 좋은 모양이었다.

친정집 앞에 도착해서 차 트렁크에서 여행 가방을 내렸다. 백일이 가까워오는 둘째를 품에 안고, 큰아이의 손을 잡고 초인종을 눌렀다. 대문을 열고 나오신 엄마는 딸의 얼굴표정과 가방을 번갈아 보시고는 물으셨다.

"오메, 무슨 일이다냐? 너만 왔냐? 신 서방은? 잉?",
"그이는 출근했지. 엄마…"

대답과 동시에 눈물을 쏟아져 나왔다. 부모님의 반대를 무릅쓰면서까지 감행한 결혼, 결국 이 정도 딸 밖에 되지 않는 내 자신이 무척 원망스러웠다. 눈물이 하염없이 흘러내렸다. 내 자신이 정말 초

성장하는 엄마 꿈이 있는 여자

라해보였고 엄마에게는 한없이 죄송스러웠다. 울면서 서 있는데 엄마는 잠깐 놀란 표정이시다가 이내 정색을 하시며 말씀을 하셨다.

"뭔 일이 있었는갑다만… 근디 나는 부부가 화목한 모습으로 같이 안 오고 너만 이렇게 오믄 못 받아준다. 너는 이제 출가외인이여. 신씨 집안으로 시집 갔응께 거그서 뼈를 묻어라! 느그 집으로 당장 돌아가그라! 둘이서 잘 해결하고 부부가 웃으면서 와라! 잉!"

그 말씀이 내 가슴에 비수가 되어 꽂혔다. 하는 수 없이 아이들을 데리고 다시 우리 집으로 돌아와야만 했다. '어디 호텔이나 숙소를 잡아서 애들이랑 있을까?'하는 생각을 잠깐 했지만, 어린 두 아이들을 번갈아 보고나서는 생각을 고쳐먹었다.

다시 우리집으로 돌아와서 가방을 들여놓으며 한참을 펑펑 울었다. 수유할 때가 되어서 불어난 젖가슴 때문에도 아팠지만, 우는 엄마를 물끄러미 바라보며 어찌할 줄을 모르는 딸아이를 보며 더 가슴이 아팠다. 무엇보다 내 신세가 진짜 처량 맞아서 가슴이 미어졌다.

'아줌마를 위한 자기 계발서'라는 부제가 붙은 책이 있다. 『아줌마 당신은 참 괜찮은 사람입니다』이다. 여기에는 남편의 외도 및 가정 생활로 내면의 상처를 받은 여러 아줌마들의 이야기가 적혀있다. 저자 역시 남편 문제로 시련과 고통을 극복하고 한층 더 단단해지고 성숙해진 목소리로 아줌마 독자들에게 강한 어조로 말하고 있다.

"시련과 정면으로 마주하라."

뭐라도 행동은 해야겠는데 막상 무엇을 어떡해야 좋을지 알 수가 없었다. 친정 부모님이 사이가 좋지 않으실 때 다투시던 모습이 자꾸 떠올라서 괴로웠지만 나는 그렇게 똑같이 하고 싶지는 않았다.

우선 아이들 앞에서 남편과 내가 다투는 모습을 보여주지 말아야겠다고 생각했다. 자녀양육서마다, 부부싸움은 아이들의 정서에 악영향을 끼친다고 읽었기도 하거니와 내 어릴 적 기억으로도 부모가 싸우는 모습을 자녀입장에서 지켜보는 것은 썩 좋은 경험은 아니라는 것을 알고 있었기 때문이었다. 여기에 하나 더 덧붙이자면, 텔레비전 속에 나오는 버림받은 비련의 여주인공처럼 울고불고 하지도 말아야겠다고 생각했다.

아이들을 재워놓고 거실에 남편과 거리를 두고 앉았다. 처음에는 마음에 있는 말을 다 쏟아내야겠다고 마음먹었는데 차츰 한 가지 생각만 남았다. '이 고비를 어떻게든 헤쳐 나가면 다음번에는 이와 같은 일이 두 번 다시 일어나지 않게 해야겠다.'

남편과 대화 중간 중간에 불현듯 내 신세가 처량하게 느껴져서 눈물이 났지만, 그 때마다 정신을 차렸다.

남편의 해명을 듣는 동안에도 내가 머릿속에 간절하게 끌어당긴 그림이 있었다. 단란한 가정을 만들겠다고 다짐하던 결혼 전 나의 모습, 건강한 부부관계의 밑바탕인 믿음, 행복한 가정생활을 하고 있는 우리 네 식구였다.

내 손으로 일군 따뜻한 보금자리에서 나는 우아한 '사모님'으로 살고 싶었다.

현재 상황이 마음에 들지 않더라도 이상을 품고 그것을 실현하기 위해

분투하면 곧 변화가 일어난다. 안으로 여행하면서 밖으로는 제자리에

있을 수는 없는 법이다.

- 제임스 앨런 -

부부가 갈등할 때 '경청의 시간'을…

결혼한 남자는 하루 평균 8,000개 단어를 쓴다고 해요. 반면에 결혼한 여자
는 하루 평균 2만 개 단어를 쓴다고 하네요. 두 배가 넘는 숫자죠? 그러니, 만
약에 부부가 다투게 되면 어느 쪽이 말문이 막히게 될지 불 보듯 뻔하죠.
어휘력이나 표현력의 한계를 떠나서, 부부간에 갈등이 생길 때에는 함께 '경
청의 시간'을 가져 보는 것이 참 중요하다고 생각해요. 서로의 생각과 감정을
충분한 시간동안 말하게 해주고 들어주는 것 말이에요. 부부가 서로 등을 돌
릴거라면 굳이 힘들여가며 다투지는 않겠지요.
갈등으로 인해 서로의 가치관을 확인하고, 의견 차이를 조율하며, 앞으로는
똑같은 일이 반복되지 않게만 할 수 있다면 성장하는 부부가 될 수 있을 거라
믿어요.

30대에 치열해야
우아하게 나이 들 수 있다

'왜 남자는 결혼 후 변할까?'에 대한 고민을 한창 한 적이 있다. 잡
아놓은 물고기에게는 먹이를 주지 않는다는 남자들의 심리 때문인
것인지, 아니면 알 수 없는 화학 변화인 호르몬의 장난질인건지 알
고 싶었다.

하지만 결국, 결혼 십 년차를 넘어서는 지금까지도 솔직히 잘 모르
겠다. 단지 한지붕 아래에서 살고 있는 동안 '남편'을 통해서 '남자'라
는 사람에 대한 단서를 하나 둘씩 수집하며 추측할 뿐이다. 그리고
행복한 가정과 부부사이에 대한 책을 읽으면서 알게 된 내용을 바탕
으로 남편을 이해하려 노력할 뿐이다.

"결혼 후 남자는 아내에 대해서 알고 싶은 것을 다 알아버린다. 그
리하여 말을 많이 하는 것이 무의미하다고 생각한다. 그러나 여자의
두뇌는 대화에 의한 의사소통을 하도록 프로그램 되어 있고, 촉감에

반응하는 강도가 남자보다 10배 강하다. 만약 남자가 이런 사실을 안다면, 그는 훈련을 통해 이런 부분에도 강해지도록 노력할 것이다. 그러면 그의 부부생활은 전반적으로 만족도가 높아질 것이다”

　연애를 책으로 배웠다고 하면 우스갯소리로 들리겠지만, 나는 연애와 결혼생활의 조언을 책에서 구했다. 엄격한 부모님에 의해 학창 시절에는 ‘연애금지령’이, 사회에 나가서는 ‘역혼금지령’이 내려져 있었다. 그래서 가족들의 눈칫밥을 먹으며 데이트를 하던 나는 책에서 연애와 결혼생활에 대해서 배웠다.

　『말을 듣지 않는 남자 지도를 읽지 못하는 여자』를 읽으며 남자와 여자는 확실히 다른 존재라는 것은 알고 있었다. 하지만 자정에 도착한 정체불명의 문자 사건으로 남편과 대화를 하면서 남녀 간의 의사소통이 이리 힘든 줄은 꿈에도 몰랐다.

　그와의 대화를 통해서 얻은 교훈이 있다면 바로 이것이다. 나를 당당하게 드러내고 표현하지 않으면 절대 나를 이해시킬 수 없다는 것, 말을 많이 하는 것을 무의미하다고 느끼고, 활용하는 단어의 수가 적은 남자일지라도 일단 남편이 된 이상, 훈련또는 교육을 통해서 의사소통에 익숙해지도록 해야 한다는 것이다. 그래야 부부생활의 만족도가 높아질 수 있기 때문이다.

　남편은, 결혼을 앞둔 여자 친구의 ‘연애상담’을 해줬을 뿐이라고 했다. 대체 무슨 상상을 하는 거냐고 오히려 나를 이상한 아줌마로 취급했다. 그런 남편의 모습은 마치 ‘방귀 뀐 놈’이 성내는 듯 보이기도 했는데, 그는 덧붙이기를 "결혼을 하고 아이를 낳았다고 해서 내가 왜 사적인 생활을 포기해야하느냐고, 왜 가족을 위해 희생을 해야 하느냐"고 오히려 따져 물었다.

나는 '희생'이라는 표현에서 말문이 턱 막혔다. 자신의 사생활이 결혼생활로 제약을 받는 것을 희생하는 것이라고 생각하고 있었다. 그 때 비로소 깨달았다. 우리 부부가 이제는 부모로서 가정생활을 꾸려 나가기 위해서 모종의 가치관 정립 및 타협점을 찾아야 한다는 것을 말이다.

남편의 단어 사용이 부적절하다는 생각에 헛웃음이 나왔다. 그러다가 내 신세를 떠올려보니 처량하기 그지없었다. '희생이라….' 애기 키우기에 딱 좋다는 직장을 군이 쉬면서까지 좋은 엄마, 좋은 아내 코스프레를 하고 있는 건 아닌가 싶었다. '집에 틀어 박혀서 애나 키우고 있으니까 이렇게 무시를 당하는 건가' 하는 생각마저 들었다.

뜨거운 눈물이 두 볼을 타고 흘러내렸다. 남편도 그렇고, 친정엄마마저도 그렇고, 정말 어디하나 내 맘 편히 기댈 수 있는 곳이 없어서 막막하고 서러웠다. 떨어지는 눈물을 훔쳐가며 나는 하고 싶은 말을 모두 쏟아냈다. 오늘이 아니면 안 되겠다 싶었다.

외도 및 남녀 관계에 대한 나와 남편의 가치관을 확인했다. 가정 안에서 이루어내고 싶은 행복한 모습과 아빠로서 그에게 바라는 모습, 앞으로 어떤 엄마, 아내로서 내가 살아갈 것인지 등에 대해 모두 말했다.

그 당시 남편의 눈에는 내가 유별나고 억척스런 마누라로 보였을

지도 모르겠다. 하지만 시간이 흐른 뒤 그는 오히려 내게 고맙다고 말했다. 당시에는 힘들었겠지만, 부부간의 건설적인 대화의 시간이 있었기에 서로에 대해 좀 더 깊이 있게 명확히 알게 되었다고 했다.

만약 내가 갖고 싶은 것, 얻고자 하는 것, 도달하고 싶은 곳이 있다면 끝까지 끈질기게 달려들어야 한다. 결혼을 하고나서도 예외는 아니다. 치열하게 설전을 벌인 그 날이 있었기에 구 년이 흐른 지금까지도 우리 부부는 서로의 이성 친구, 불신 등으로 인한 불협화음은 아직까지 없다. 장담하지 말라고? 더 살아봐야 안다고? 그럼 그 때가서 다시 치열하게 달려들면 된다!

무의식과 잠재의식에 대해서 공부를 하는 뇌 연구 학자들과 수많은 자기계발서의 저자들은 말한다. '무엇인가를 절실한 마음으로 상상하면 이루어진다'고…. 내가 남편의 '불온한' 행실에 대해서 계속해서 에너지를 쏟고 부정적인 감정을 끌어들였다면 아마 지금까지 우리 가정이 이렇게 온전하지는 못했을 것이다.

혹자는 '겨우 문자메시지 한 통 때문에 그렇게 분란을 일으켰느냐' 할 수도 있겠다. 하지만 '깨진 유리창' 이론에 대해서 듣는 순간 그런 마음이 싹 바뀔 것이다. 깨진 유리창처럼 사소한 것들은 사람들에게 중요한 메시지를 전달하고 있는데, 이 이론을 바탕으로 『깨진 유리창의 법칙』을 쓴 마이클 레빈은 이렇게 말한다.

"하나가 깨지면 모든 것이 깨지게 되어있다."

깨진 유리창, 즉 사소한 실수를 고치지 않는다면 비즈니스나 인간관계에도 치명적인 결과가 초래될 수 있다는 것이다. 이 법칙에서 깨진 유리창이 전하는 메시지는 이런 것이다.

"아무도 관심을 갖지 않는다. 당신 마음대로 해도 좋다!"

나는 가정 안에서도 이 법칙이 적용된다고 생각한다. '에휴, 그냥 내가 참고 말지 뭐', '또 얘기하면 속 시끄러운 일이 벌어질 테니까 그냥 덮어두자'는 부부들이 꽤 많이 있다.

'이렇게 살다가 서로 정 안 맞다 싶으면 헤어지고 말지. 뭐'하고 단념한 채 살아가는 부부들도 쉽사리 찾아볼 수 있다. 하지만 가족이라는 허울 좋은 이름으로 묶인 채 속절없이 시간만 보내기에는, 아름답고 행복해야 할 내 인생이 너무 아깝지 않을까?

결혼서약 때 "검은 머리가 파뿌리 되도록 살겠냐?"고 묻던 주례선생님의 말씀에 둘 다 "예"라고 답하고서 시작하는 부부들이다. 아내 경력 10년을 넘어서면서 나는 이제야 결혼이 무엇인지 조금은 알 것 같다. '같이 산다는 것'이 중요한 것이 아니라, 같이 살 되 '어떻게 잘 살겠냐'하는 것이 결혼생활의 핵심이다.

결혼식 축가의 대표곡인 『사랑의 서약』의 한 구절처럼, '우리들의 약속은 언제나 변함없다는 것'을 부부생활을 하는 동안 서로에게 꾸준히 노력하는 모습으로 보여주어야 한다.

나는 부부라는 관계에 대해서 불안감을 많이 가지고 있었다. 그 이 내가 갖고 싶은 것, 얻고자 하는 것, 도달하고 싶은 곳이 있다면 끝까지 끈질기게 달려들어야 한다. 결혼을 하고나서도 예외는 아니다.

유는 평화롭고 안정적인 부부사이를 유지하는 것은 굉장히 힘들고 수고로운 일이라는 사실을 일찌감치 부터 알고 있었기 때문이다. 어려서부터 자라면서 내 마음 안에 심어진 일종의 불행의 씨앗 같은 것이었다.

"나도 어릴 적에 사랑을 못 받고 자라서 애들을 어떻게 사랑해야 하는지 모르겠어요!"

아이를 키우며 내면의 상처로 답답해하는 부모들이 많이 있다. 그럴 땐 내 인생에 이런 최면을 걸어야 한다. '나는 지금 친정아버지와 살고 있는 것이 아니다. 내 남편과 살고 있다.' '나는 친정엄마의 삶을 살고 있는 것이 아니고 내 삶을 살고 있다.' '나는 더 이상 어릴 적의 내가 아니다'하고 말이다.

아버지는 수많은 남자의 인생 중 하나의 예시일 뿐이다. 그리고 같은 여자로서 친정엄마 역시 수많은 여자들의 삶 중 하나의 예시를 자녀들에게 보여주고 있는 것일 뿐이다. 나는 오로지 내가 선택한 삶을 살면 될 뿐이다.

"부부가 서로를 믿고 의지하며 가정생활에 충실할 때, 그 안에서

나고 자란 자녀들도 행복한 어른으로 성장할 수 있다"라고 자녀교육서에서는 한결같이 주장하고 있다.

혹시라도 당신 안에 불행의 씨앗이 있다면 싹이 트도록 내버려 두지 않길 바란다. 엄마로서 행복의 씨앗을 심고 가꾸는 일은 고되고 때론 치열한 작업이 될 수도 있다. 하지만 내 손으로 뿌리내린 행복의 씨앗은 머지않아 달콤한 열매를 맺게 될 것이다.

내 가정을 이 세상에서 최고로 안락한 보금자리로 만드는 훌륭한 자양분은 바로 지금 치열하게 살고 있는 당신의 삶 속에 있다는 것을 잊지 말기 바란다.

너무 늦었다고 생각하지 마라. 지금이라도 하면 된다.

- 조지 엘리엇 -

03
'오늘과 다른 미래',
'공부하는 자'에게만 온다

잘 살고 있다가 뜬금없이 전혀 다른 일을 해보겠다는 사람들을 만날 때가 있다. 다니던 직장을 돌연 그만두고 여행을 하겠다고 집을 나서는 사람도 있고, 졸업과 동시에 영영 안녕이라고 외쳤던 학교로 다시 돌아가서 공부를 시작하는 사람도 있다. 인생의 방향을 전환하는 사람들이다.

도전적인 새 삶을 시작하는 이들은 각자 다른 분야에 종사하는 사람들이지만 공통된 한 목소리로 이렇게 말한다. "세상은 넓고 우리가 모르고 사는 것이 너무나 많다"고.

넓은 세상을 보고 돌아왔거나, 많이 배운 사람이거나, 굴곡 있는 삶을 경험을 했던 사람들이 입을 모아 말하는 인생의 굵직한 경험 명제도 공통적이다.

"나라는 존재에 대해서 더 많이 알아야 한다."

2장 진정 내 삶에 '주인공'이 되려면

멀쩡한 직장을 그만두고 홀연히 떠나서 세상을 공부하고 돌아온, 대한민국 대표 인생멘토가 있다. 바로 한비야 씨다. 오래 전에 그녀가 출연한 라디오 방송을 들은 적이 있다. 큰 꿈을 꾸고 이루어내며 살고 있는 인생 이야기를 들려준 그녀에게 진행자가 마지막 질문을 했다.

"세상 사람들이 한비야 씨를 참 많이 부러워해요. 하고 싶은 것 다 하고 산다고 말이죠. 정작 본인도 그렇게 생각하시나요?"하자 그녀는 아쉬워하는 목소리로 다음과 같이 말했다.

"저는 세상에 부러운 사람이 딱 한 사람 있어요. 바로 딸 가진 친구들, 딸이 있으면 알콩달콩 친구처럼 지내며 좋을 것 같거든요."

아이가 둘이 되어서 한창 힘들었을 때 이 방송을 듣고는 얼마나 위안이 되었는지 모른다. 한비야 씨처럼 멋지게 사시는 분이, 딸 있는 사람을 부러워하다니. 첫 아이가 딸인 나도 누군가의 부러움을 사는 사람이었구나 싶어서 흐뭇했다.

나 역시 잘 다니던 직장을 돌연 쉰 적이 있다. 그 누군가처럼 세상을 알고 싶어서도 무언가에 도전을 해보겠다는 큰 포부로 내린 결정은 아니었다. 단지 내 뱃속에서 나온 아기들을 양가 부모님들에게 폐 끼치지 않고 키워보겠다는 책임감에서였다.

그런데 아이를 키우려고 마련한 시간들이 내게 가져다준 가장 큰 수확은 따로 있었다. 바로 나 자신에 대해서 더 많이 알게 되었고 내면이 성장하게 된 소중한 '인생 공부' 시간이었다는 것이다.

아이를 키워야겠다고 생각했을 땐, 대학과 대학원에서 배웠던 교육학, 아동심리, 아동발달, 초등영어교육 등의 배경지식에다가 초등학교에서 근무하면서 학생들과 지내온 경험을 총동원하면 쉽게 될 줄 알았다.

"초등학교 선생님이시니까 애들은 확실히 잘 키우시겠네요"하는 주변 분들의 축하와 모종의 부러움을 한 몸에 받으며 그렇게 내 자식 교육도 '잘' 할 줄 알았다. 하지만 '혈육은 못 가르친다'는 말이 그냥 있는 말이 아니었다. 아이가 둘이 되고 찾아온 가장 큰 난관은 동생을 타는 큰아이였다. 조리원에서 둘째아이와 일주일을 보내는 동안 큰 아이는 친정집에 있었다.

엄마와 떨어져서 외갓집에서 먹고 자다 보니, 조리원에서 만난 아이는 표정이 어두워 보였다. 낯선 장소에서 환자복 같은 펑퍼짐한 분홍 원피스를 입고 누워있는 나를 보자 아이는 많이 어색해했다. 한창 좋아하던 만화 속 주인공인 뽀로로와 크롱 흉내를 내며, "엄마, 엄마, 나 봐. 이거 크옹이야. 이거는 로보뜨 춤"하면서 연신 재롱을 피웠지만 아이는 밝아 보이지 않았다.

당시 출산으로 힘들었지만 시댁에서 산후조리문제로 남편과도 불편한 터라 편안한 마음으로 큰아이를 대할 수가 없었다. 하지만 외할머니와 조리원을 나서며 엄마와 헤어지는 것을 슬퍼하는 아이를 보면서 하루빨리 집으로 돌아가야겠다고 마음을 먹었다.

집에 와서 부터 본격적인 육아가 시작되었다. 아이를 하나 키우는 부모님께서는 나의 잘못된 버릇을 고치기 위해서 체벌을 하셨겠지만 나의 기억 속에는 오로지 한 가지 사실만 남아있었기 때문이다. '부모님은 나를 사랑하지 않으시는구나.'

것과 둘 키우는 것은 하늘과 땅 차이라는 것을 제일 먼저 깨달았다. 아이 둘이랑 집에서 씨름하며 헥헥거리다가 놀이터에 나간 적이 있었다. 거기에서 아이 셋을 키우는 엄마들을 만나면 위대하고 존경스러워 보이기까지 했는데 그런 나를 보며 우스갯소리로 이런 말을 했다. "애 셋이 되니, 둘 키우는 것은 아무것도 아니더군요."

나는 아이가 하나였을 때 정말 거저 키웠다는 생각이 들었다. 집안 살림에 두 아이 양육까지 모두 처음 해보는 것이라 적응이 안 되어서 많이 힘들었을 수도 있었겠지만, 육체적인 힘듦 보다는 심리적인 어려움이 더 컸다.

"엄마, 이거 해줘. 아니, 아니! 저거 해줘. 그게 아니야. 으아앙!"

"시러 시러. 이거 안 해. 안 갈 거야. 엄마, 미워! 으아앙!"

얼른 키워서 친구가 되면 좋겠다는 마음으로 바라보던 딸은, 친구는커녕 나를 못살게 하기 위해서 태어난 것 같았다. 뭘 해줘도 싫다고 토라지고, 울고 짜증을 내기를 하루에도 수차례. 큰아이가 울면 작은 아이는 따라 울기를 수차례.

온 집안이 갑자기 조용해져서 돌아보면 큰아이는 동생 곁에 있었다. 누워있는 동생 얼굴 위에 두껍고 무거운 이불을 덮어주고도 모자라서 손으로 꾹꾹 눌러주기까지 하면서, "동생아, 잘 자라"하며 날보고 씨익 웃었다. 그런 아이의 얼굴을 보고 있자니 마치 공포영화 속 주인공인 '처키'의 모습이 오버랩이 되면서 소름이 돋았다. 영원히 동생을 '재우고픈' 마음인 것 같았다.

동생이 젖을 먹으면 달려와서 스윽 할퀴고 가고, 꼬집고, 입술에 침을 가득 묻혀서 '투투투'하고 뱉는 등 아이는 극도의 반항기를 표현하며 하루하루를 보냈다. 어느 날엔가는 아이가 보이지 않아서 집안 곳곳을 찾아다닌 적이 있는데, 안 방 문 뒤에 숨어서 자신의 손가락을 만지작만지작 거리면서 쓸쓸하게 서 있기도 했다.

초보엄마인 내 눈에는 아이의 행동이 날이 갈수록 이상해보이고 정도가 더 심해지는 것 같았다. 나는 그 때부터 깊은 고민에 빠졌다. 내 뱃속에서 나온 아이를 이해하지 못하는 엄마인 내 자신에게 답답했고, 좀체 예상을 할 수 없는 행동을 하는 아이 때문에 화가 나기도 했다.

어느 날엔가는 아이가 목청껏 울면서 눈물, 콧물 범벅이 된 적이 있었다. 아무리 어르고 달래도 그치지 않자 나는 우는 아이를 쳐다보며 짜증을 내고 있었다. 그러다가 문득 아이의 울음을 그치게 해야겠다고 생각하며 한 가지 방법을 떠올렸다.

'선무당이 사람 잡는다'는 말이 있지 않던가? 나는 텔레비전에서 본대로 훈육하는 방법을 따라하기 시작했다. '타임아웃제'였다. 그것 말고는 딱히 아는 것이 없었기 때문이다. 방석 하나를 꺼내어 이름을 붙였다. '생각하는 방석'. 거기에 아이를 앉히고는, "엄마말 안 들었으니 여기 있다가 나와!"라고 말했다.

당시에 나는, 엄마로서 이해할수 없는 아이의 행동은 빠른 시일 내에 고쳐야할 것이라고 잘못 생각하고 있었다. 아이의 감정이나 생각보다는 나의 입장을 더 앞세웠다. 하지만 아이의 행동은 좀체 나아질 기미가 보이지 않았고, 급기야 친정엄마는 "엄모嚴母 밑에 효자가 난다 했다. 체벌하며 키워라. 세 살 버릇 여든까지 간다는데 저리 두면 나중에 후회한다"고까지 하셨다.

부모님으로부터 들은 귀동냥과 인터넷상에 떠도는 육아법만으로 아이를 키우기에는 뭔가 석연치 않았다. 어려서부터 회초리를 맞으며 자란 나는 제 아무리 '사랑의 매'라는 이름이 붙어있어도 몸서리치게 체벌이 싫었다.

부모님께서는 잘못된 버릇을 고치기 위해서 체벌을 하셨겠지만, 나의 기억 속에는 오로지 한 가지 사실만 남아있었기 때문이다. '부모님은 나를 사랑하지 않으시는구나.' 당연히 내 아이는 그렇게 키우고 싶지 않았다.

이 상황을 벗어나려면 엄마인 내가 먼저 무언가를 알고 있어야 했다. 그러면서 신념을 갖고 지조 있게 움직일 필요가 있었다. 하지만 아는 것이라고는 어린 시절 부모님이 나를 키우신 자녀교육방법 밖에는 없었다. 그 방법은 정말이지 싫었다.

그 때부터 자녀교육에 대해서 뭐라도 좀 공부해야겠다고 생각했다. 당시에 내 마음 속에는 아이를 배려 깊게 사랑하는 방법, 나만의 자녀교육원칙 같은 것들이 아무것도 없었다. 엄마로서 준비되어 있지도 않으면서 본능에 충실하여 아이만 둘을 떡하니 낳아놓은 내 자신이 부끄러워졌다. 공부가 절실히 필요했다.

우선 닥치는 대로 자녀교육서를 사 모았다. 처음엔 모조리 읽겠다는 욕심이었다. '모르니까 불안한 거겠지, 알면 조금 나아지지 않을까?' 생각했다. 하루 종일 두 아이와 씨름해야 했던 전쟁 같은 육아와 살림 속에서 지푸라기라도 잡는 심정이었다. 그래, 아는 게 힘이다. 엄마 공부를 하면 오늘과 내일은 확실히 다를 거다 생각했다.

엄마
잠깐!!

동생 생긴 큰아이, 서운함을 없애주려면…

'동생을 탄다'는 말이 있어요. 동생이 태어나면 큰아이는 부모의 사랑을 나눠 가져야 한다는 생각에 자신의 위치에 대해 불안감이 생기죠. 그리고 부모 역시 더 어린 아이에게 손길과 관심이 가게 되기 때문에 큰아이는 할 일을 스스로 좀 알아서 해주기를 바라는 기대감이 생기게 되죠.

학교에서 학생들을 만나보니, 맏이일수록 책임감이 뛰어나고 모범생인 경우가 많았어요. 반면에 자신의 의견을 표현하는 것에 자신감이 없거나 소극적인 경우도 많이 보았어요.

동생이 생긴 아이에게는 기대감이나 책임감을 느끼게 해주는 것보다는, 형님으로서 누릴 수 있는 권한 또는 특권을 주는 것이 저는 좋다고 생각해요.

형님으로서 높아진 자리만큼, 가정 안에서 크고 작은 의사결정이 있을 때 아이의 의견을 묻고 답한 내용을 어른들이 생활 속에서 반영하는 거예요. 『오늘 더 사랑해』의 션과 정혜영 부부는 큰아이를 향해 우는 동생에게 젖을 줘도 될지를 물었다고 해요. 큰아이를 존중한다는 의미였겠지요.

04
슈퍼맘이 되려는
욕심을 버려라

"직장생활 하느라 애들한테 소홀해서 항상 미안한 마음이에요."

직장에 다니면서 아이를 키우고 있는 후배들과 이야기를 나누다보면 이런 말을 자주 듣게 된다. 그럴 때마다 내가 해주는 말이 있다. "전업주부로 살아도 그 마음은 똑같아."

휴직을 하며 집에 있는 동안 많은 엄마들을 만나고 삶의 애환, 육아의 고충을 나눴다. 그런데 전업주부인 엄마나 직장에 다니는 엄마나 아이에 대한 미안함과 죄책감의 정도는 크게 다르지 않았다. 이미 아이들을 다 키워낸 선배맘들도 별반 다를 게 없었다. 더 잘 해주지 못해서 미안해하고 안타까워하는 것은 엄마들의 공통적인 마음이다.

결국 엄마로서의 미안함과 죄책감을 내려놓을 수 없는 것은 대한민국을 넘어 전세계 엄마들의 공통적인 모성이 아닐까 한다. 나 역시 미안함과 죄책감을 씻어내며 슈퍼맘이 되고자 눈에 불을 켜고 육아에 달려든 적이 있었다. 큰 아이를 임신하고는, 태교를 잘해야 한다는 일념 하에 태교동화를 열심히 읽고 뱃 속 아기에게 들려주었다. 아기에게 좋은 소리를 들려주어야 한다는 일념으로 태교음악 CD가 닳도록 열심히 들었다. 좋은 것만 보고, 좋은 사람들과 이야기하면서 좋은 생각만 했다.

홀몸일 때는 하지도 않던 운동을 만삭의 몸으로 집에서 15분되는 거리의 공원까지 걸어서 매일 6Km씩 걷곤 했다. 산고의 고통을 겪는 엄마보다 세상에 나오려는 아이의 고통은 10배나 된다는 소리를 듣고는 아기가 덜 힘들고 세상에 나올 수 있도록 기도하는 마음으로 열심히 걸었다.

아이가 태어나자 수유를 잘해야겠다는 생각에 모유수유에 관련된 책을 찾아 읽으면서 수유와 배변 기록표를 빠짐없이 적었다. 애기 키우는 집의 필독서라 하기에 하정훈의 『삐뽀삐뽀 119 소아과』를 비치해놓고 1,000쪽에 달하는 책을 취미삼아 하루에도 수 십장씩 읽어내려갔다. 학생 때는 손에 책을 들면 몰려오는 졸음과 사투를 벌이던 나였는데… '내 아이의 안과 밖을 속속들이 다 알고 있는 엄마주치의가 되리라'는 심정이었다.

하얀 밥풀떼기 같은 이가 애기 잇몸을 뚫고 나올 때였다. 이유식을 먹여야 했다. 또다시 이유식과 관련된 각종 자료를 찾았다. 이유식 만드는 방법에 관한 요리책을 사서 모았다. 그리고 어려서부터 미각으로 다양한 맛을 경험해야 아이의 두뇌발달에 좋다기에 두 끼가 멀다 하고 재료를 바꿔가며 이유식을 손수 끓였다. 아이가 박수를 치며 잘 먹을 때마다 메모를 해두었고 왠지 모르게 엄마로서 뿌듯함이 느껴졌다. '이 정도면 엄마 노릇 잘 하고 있는 거겠지'라고 생각했다.

아장아장 걸으면서 주전부리를 먹기 시작할 때에는 유기농 간식만 사 먹이며 생각했다. '아이가 커서 어른 반찬을 먹을 때가 되면 영양가 높고 건강한 반찬들 많이 만들어서 잘 먹여야겠다'고.

이렇게 순조롭던 나의 슈퍼맘 역할은 아이가 두 돌이 되면서부터 삐거덕거리기 시작했다. 또래에 비해서 말도 제법 잘 하자 내 아이가 천재 같아 보였다. 그래서 본격적으로 '제대로' 된 교육을 하며 아이를 '잘' 키워야겠다고 생각했다.

아이와 함께 집에 있는 동안 '교육적으로' 내가 할 수 있는 것을 찾아보았다. 독서였다. 한창 '책육아' 열풍이 불고 있을 때였는데, 아이를 위해서 거금 30만원이 훌쩍 넘는 아기전집을 질렀다. 남편은 책의 가격을 듣고는 인상을 찌푸렸지만 애기 있는 집치고 이런 거 한 질 안 들여 놓은 집이 없다며 '우리 아이 바보 만들면 안 된다'고 남편에게 으름장을 놓았다.

'돈 가는데 마음 간다'는 말이 있지 않던가! 육아휴직 중으로 외벌이인 가정형편에 거금을 지르고 나니 당연히 본전 생각이 났다. 막 태어난 동생으로 인해서 감정의 격변기를 겪고 있는 아이에게 무조건 책을 들이밀었다.

고물고물 장난감을 가지고도 잘 노는 아이 곁에 다가가서는 외판원마냥 책을 슬그머니 들이밀었다. 몰입해서 놀던 중에 방해를 받으

엄마의 인생에서는 실수라고 할 수 있는 시행착오가 아이의 인생에서는 실전이고 삶 자체라는 것을 말이다.

니 아이는 내가 책을 읽어주면 싫다고 했다. 그러면서도 가끔은 자신만의 다양한 방법으로 책을 가지고 놀았다.

소꿉놀이를 할 때에 칼질하는 도마로 쓰거나 주변에 널려있는 책 몇 권을 둘러 세워서 집 울타리로도 사용했다. 지금 생각하면 아이가 창의적으로 가지고 놀며 책과 친해진 계기였다는 것을 이해한다. 하지만 그 때는 책을 들춰서 글자 한 줄 읽으려 하지 않으니 나는 애가 탔다.

하루가 다르게 아이는 커가고 있는데, 직장으로 복귀해야 하는 날짜는 가까워오고 내 마음은 초조해졌다. 본격적으로 책을 들이밀기 시작했다. 나의 자녀 독서 교육 의도는 초반에는 꽤 불순했다. 오로지 '똑똑한 아이를 만들어 보겠다'였기 때문이다. 그래야 학교 가서도 또래에서 뒤처지지 않고 좋은 대학에 들어가서 훌륭한 어른이 될 것 같았다. 더불어 교사인 엄마 체면이 설 수 도 있고 말이다.

하지만 엄마의 불순한 의도를 헤아릴 길이 없는 천진무구한 아이는 아침밥만 먹으면 밖에 나가자고 졸랐다. 그럴 때마다 "책 좀 몇 권 읽고 나가자"며 아무리 유혹해도 소용이 없었다. 아이의 아우성에 못이겨 잠들어 있는 둘째를 들쳐 엎고는 엘리베이터도 없는 2층 주택에서 무거운 유모차를 들고 날라야 했다.

외출해서 돌아오면 유아 전집을 볼 때마다 본전 생각이 계속 났다.

마음이 조급해졌다. 출근 날짜는 다가오는 데 아이는 내 마음대로 따라주지 않고 더 어긋난 행동을 하는 큰아이가 미워졌다.

내가 그토록 원한 결혼이었기에 부부사랑의 결실인 아이까지 낳고 나면 인생이 해피엔딩일 줄 알았다. 그런데 막상 아이가 둘이 되면서부터 오히려 인생이 묘하게 꼬여간다는 생각이 들기 시작했다.

슈퍼맘이 되려던 나의 욕심으로 인해 오히려 아이와 거리가 멀어지고 있다는 느낌이 들었다. 내 욕심대로 아이가 따라주지 않자 엄마로서 자존감이 서서히 떨어지기 시작했다.

『자존감』을 쓴 국제정신분석가 이무석은 욕심을 줄이면 자존감이 올라가고 욕심이 많을수록 자존감이 낮아진다고 말했다. 그러면서 심리학자 제임스의 자존감의 공식을 언급하고 있다.

자존감 = 성공success ÷ 욕심need

즉, 현실적인 자신과 이상적인 자신의 차이가 클수록 열등감이 커지기도 하므로 욕심을 줄이거나 성공을 증가시키면 자존감이 올라갈 것이라고 한다.

나는 자녀교육서를 읽으면서 밑줄을 치고 표시해둔 좋은 내용을 몽땅 내 아이에게 적용을 시켜보리라는 큰 욕심을 가지고 있었다. 그러다보니 아이와의 관계가 어그러지고 못마땅하게 될 수밖에 없었다. 모녀관계가 돈독해지는 성공적인 경험보다 나의 욕심이 지나치게 많았던 탓이었을 것이다.

또한 철부지 초보엄마로서 슈퍼맘이 되고 싶었던 나는, '아이에게 해줘야 하는 것 목록'에 질려가기 시작했는데, 이때는 내 안에 있는 부족한 모성을 탓하며 집안 살림이, 육아가 힘들다고 징징대기 시작했다. 육아에 대해 읽은 어느 짧은 글이 생각이 난다.

'육아는 정신노동인가, 육체노동인가. 노동, 그러니까 모든 살려는 '몸부림'은 '마음고생'을 동반한다.' 한겨레 이라영

똑부러지게 아이 '잘' 키우며 슈퍼맘으로 '잘' 살아보려던 나는, 마음고생을 자처하고 있었다. 스스로 '좋은 엄마'라는 덫을 만들어 놓고 그 안에서 허우적댔다. 이것 저것 모두 최고로 잘 해야 좋은 엄마가 될 수 있다는 내 안의 그릇된 엄마상像이 나를 옭아매는 오랏줄이 된 것이다.

어느 날, 울다 지쳐 잠이 든 큰 아이를 쓰다듬으며 생각했다. 엄마의 인생에서는 실수라고 할 수 있는 시행착오가 아이의 인생에서는 실전이고 삶 자체라는 것을 말이다. 나의 욕심으로 저지른 실수들이 하나둘씩 모여서 아이의 인성을 결정하고 인생을 결정할 수 있다는 결론에 도달하자 아차 싶었다.

결국 나는 슈퍼맘놀이를 그만 두기로 했다. 애시당초 목표 설정이 잘못 되었다는 것을 알게 되었다. 엄마인 나의 의욕만 앞서는 육아 레이싱은 내 인생에도 아이의 인생에도 아무런 의미가 없다고 판단했다.

계산된 위험을 감수해라. 이것은 단순한 무모함과는 완전히 다를 것이다.

- 조지 스미스 패튼 -

05
'누구 엄마'로 사는 인생,
10년이면 충분하다

'여성들 'M의 수렁' 빠지다'

출산·육아 부담이 큰 직장 여성들에 대한 신문기사를 읽었다. 한창 일을 해야 할 30대에 직장을 포기하는 여성이 많아지고 있다는 내용이었다. 중앙일보 2015. 7. 15

20대부터 서서히 증가하는 여성의 경제활동 참가율은 대학졸업 직후인 25~29세에 최고치68.8%에 이르는 양상을 보이게 된다. 그러다가 점차 감소하여 35~39세에는 최저치54.9%가 된다.

그 후 다시 서서히 증가하면서 두 번째 최고치가 되는 시점은 최저치로부터 십 년 뒤 연령대인 45~49세68.0%이다. 따라서 오르락내리락 하는 양상을 보이는 여성 경제활동 참가율 선그래프는 30대에 움푹 들어가는 'M자 모양'을 그리게 되는 것이다.

따라서 30대의 여성들이 경제활동에서 출산·육아로 인해 수렁에 빠져있다는 것이다. 신문기사는 엄마인 여성들을 다시 일하게 하기 위한 국가적인 대책마련이 시급한 상황이라고 마무리 짓고 있었다.

이 내용을 읽자 개인적으로 마음에 위안을 얻을 수 있었다. 나 말고도 직장에서 일하던 많은 수의 30대 여자들이 출산·육아로 인해 집에 돌아와 있다는 말이 되기 때문이다. 같은 처지의 엄마들을 만나게 되면 모종의 공감대, 연대의식이 느껴지는 것은 비단 나 혼자만의 감정은 아닐 것 같다. 집에 있는 전업맘도, 아이를 키우기 위해서 일을 쉬고 있는 직장맘도 이 소식으로 모두 위안을 받았으면 좋겠다는 생각을 잠시 했었다.

40대에 다시 경제활동을 시작하게 된다는 것은 가정으로 돌아올 수밖에 없었던 출산 및 육아라는 부담에서 어느 정도는 벗어나게 된다는 뜻이다. 10년 정도 아이를 키우면 다시 사회생활이 가능하다는 희망적인 신호로도 해석 해 볼 수 있다. 경단녀들에게는 특히나 반가운 소식이다. 또한 전업주부인 엄마들은 마흔 즈음이 되어 가정이 아닌 더 넓은 세상에 나아가기 위한 인생 2막을 준비해 두어야 한다는 조언으로 받아들일 필요도 있겠다.

오랜만에, 그것도 아주 어렵게 약속을 잡아서 친구들을 만난 적이 있다. 다들 비슷한 연령대의 아이들을 키우는 엄마들이라 모임 한 번 추진하려면 꽤 절차가 복잡하다. 약속날짜에 남편 퇴근시각을 확인해야하고 그와 아이들 인계인수 협상이 잘 끝나야 비로소 모임이 가능하다.

한 친구가 되는 날짜에는 또 다른 친구가 안 되는 등, 몇 번의 시도 끝에 겨우 만나게 되었다. 한 동안 못 본 얼굴들이라 그간 모아둔 이야기보따리를 풀면서 엄마에서 여자로 돌아온 기분에 행복했다. 끊이지 않는 수다로 그간 쌓였던 스트레스가 확 날아가는 기분이었다.

만난 지 얼마 되지 않았다고 생각했는데 두 시간이 훌쩍 지나갔다. 그러자 이집 저집 아이들한테서 전화가 걸려오기 시작했다. 엄마의 귀가시간을 묻는 것이다.

한 친구는, '아빠는 주구장창 텔레비전을 보고 있고 자기네들과 놀아주지 않는다'는 아들의 불만 섞인 전화를 받았다. 그러더니 불현듯 생각이 났는지 우스갯소리를 하나 해주었다.

어찌나 공감이 갔는지 배꼽을 잡고 한참동안이나 웃었다. 여자는 나이대별로 부러워하는 사람들이 달라진다고 한다.

10대에는 공부 안하고 시험 성적이 잘 나오는 친구를 부러워한다.
20대에는 예쁜 데 고친 티가 안 나는 애들이 부럽고
30대에는 실컷 놀고 시집 잘 간 애들이 부러워지고
40대에는 남편이 돈 잘 벌고 저녁밥도 먹고 들어오는 친구가 부러워진다.
50대에는?

이 말을 듣는 동안 그 자리에 있던 모두가 물개처럼 박수를 치며 웃었다. 다함께 입을 모아서 "맞아. 맞아"하고 감탄사를 연발했다. 그런데 50대 여자가 부러워하는 사람에 대한 내용을 듣자 갑자기 집에 있는 아이들이 보고 싶어졌다.

50대 여자가 누구를 가장 부러워할 것 같은가? 바로 '자식들 잘 키워놓은 사람들'이라고 한다.

웃자고 한 이야기에 한참을 웃고 나자 모임의 분위기가 숙연해졌다. 함께 모였던 친구들은 30·40대에 크게 공감하면서도 10여 년 후에 다가올 우리의 50대를 슬슬 걱정하기 시작했다.

직장생활에 집안일하며 눈 코 뜰 새 없이 바쁘다보면 하루가 금방 저문다. 아이들 씻기고 먹이고 재우는 것만으로도 벅찬데, 대체 자식을 '잘' 키운다는 것은 어떻게 하란 말인지 다들 막막해했다. 그리고 언제까지 이 막막한 육아를 하고 있으란 말인지 도무지 갈피를 잡을 수가 없다고 하소연했다.

그러던 중 한 친구는 이렇게 말했다. 아이를 잘 키우기 위해서는 부모가 재정적으로 여유로워하니 요즘 세상에 맞벌이는 필수라고. 엄마가 집에 있다고 해서 딱히 아이를 잘 키울 거라는 보장도 없으니 차라리 나가서 일을 하면 수입이라도 보장되니 아이에게 다양한 교육의 기회를 제공하며 키우겠다고 했다.

그러면서 친구들은 외벌이로 집에 들어앉아있는 나를 은근히 걱정하기 시작했다. 애초에 휴직을 결정했던 초심대로 아이들을 '잘' 키우고 있는 것 같으냐고 물었다.

나 역시 휴직을 결심하기까지 여러 가지 고민을 했다. 솔직히 말하면, 외벌이가 된다는 경제적인 부담감이 제일 먼저 다가왔다. 그와 동시에 아이들 교육을 어떻게 해야할 것인지 고민해야 했다.

태어나서 나도 처음으로 해보는 엄마노릇이고 아이들도 처음해보는 자식노릇이라서 서로 쉽지만은 않다.

가계 지출 면에서 아이들이 영유아였던 첫 휴직과 초등학생이 된 후의 두 번째 휴직은 판이하게 달랐다. 아이 하나 앞으로 학원을 하나씩만 다녔음에도 교육비 지출에, 퇴근 후 피곤해서 밥차리기 힘들 때 가끔 했던 외식과 배달음식이며, 나를 위한 스트레스 해소성 쇼핑 항목을 리모델링해야했다. 두 번째 휴직을 계획하면서부터는 계산기를 두드리며 수시로 가계부를 들여다보고 통장의 잔고를 확인해야했다.

그러면서 문득 깨닫게 된 것이 있다. 통장에 있는 잔액은 수시로 들여다보면서 내가 행복하게 잘 살고 있느냐는 것과 아이가 잘 크고 있다는 것도 그간 신경을 쓰고 있었냐 하는 것이다. 직장 다니는 동안은 아무 탈 없이 하루가 무사히 지나가는 것에 그저 감사했다. 다음날 직장에 나가서 일할 힘을 비축해 놓기 위해 하루를 얼른 마무리하기에 바빴다.

애를 키운다는 명목 하에, 집에 있으니 제약을 받게 되는 것들이 많이 생기게 되었다. 하지만 잃는 게 있으면 얻는 것도 반드시 있는 법. 직장인으로서는 경력이 중단되지만 엄마경력이 생기게 된다. 나는 엄마라는 스펙이 세상에서 가장 위대하고 숭고한 이력이라고 생각한다. 또한 나와 가족 앞으로 시간을 벌 수 있게 된다. 한 번 지나가 버리면 다시는 돌아오지 않을 소중한 시간이다.

가족 안에서는 부모와 자식 사이지만 바쁜 생활에 쫓기다 보면 서로에 대해서 잘 모르고 지나가게 된다. 아이들이 커서 "엄마가 나한테 해준 게 뭐가 있어요?"라고 따져 물을 때 당당하게 말해 줄 수 있다. "엄마는 너희들과 함께 하기 위해 큰결단을 내렸었다"라고.

태어나서 나도 처음으로 해보는 엄마노릇이고 아이들도 처음해보는 자식노릇이라서 서로 쉽지만은 않다. 하지만 내 품에서 아이가 커가는 모습을 지켜보는 것은 세상 그 무엇과도 바꿀 수 없는 기쁨이다. 아이가 유아기 때 까지는 확실히 그랬던 것 같다.

태어나서 유아 때까지는 생존과 관련해서 아이를 먹이고 입히고 재우는 것이 육아의 대부분이었다. 즉, 체력이 소모되는 육아였다. 그런데 초등학생이 된 아이들 곁에 다시 전업맘으로 돌아와 보니 이제는 다른 역할이 나를 기다리고 있었다.

초등학생 학부모가 되니 이전까지 하고 있던 엄마노릇에서 방향을 틀어야겠다고 생각하게 된 계기가 찾아왔다. 아이들의 생각이 부쩍 자라있었고, 엄마로서 담당해야 하는 육아종목도 바뀌어있었다.

"엄마는 집에서 노니까 정말 좋겠다."

요리책을 정독하고 아무리 맛있는 반찬과 영양 가득한 간식을 해주어도 집에 있는 엄마는 그저 '노는' 엄마로 아이의 눈에 비춰진다는 사실을 알게 되었다.

'M의 수렁'이라고 말하는 기간, 출산과 육아로 인해 집으로 돌아온 30대 후반의 엄마인 나를 냉철하게 돌아보았다. 아이의 말이 뇌리를

떠나지 않았다. 엄마가 아닌 내 이름 석자 앞으로 인생계획을 좀 세
워봐야겠다고 결심한 순간 찾아온 생각은 오직 딱 한 가지였다.

아이를 키우기 위해서 통과해야 하는 지난한 육아의 터널. 그 기간
은 10년 정도면 충분히 지나가겠다 싶었다.

'그래, 엄마노릇도 좋지만 이제는 나를 키워야겠다!'

정신이 번쩍 들었다.

육아 후 재취업 정보는…

요즘 들어 경력단절여성들의 재취업 및 사회진출에 대한 관심과 지원이 커지
면서 국가기관 및 지방자치 단체 등에서 다양한 방법으로 각종 취업정보 및
직업훈련을 제공하고 있어요. 대표적인 기관은 아래와 같아요.

– 여성가족부(www.mogef.go.kr)
경력단절여성의 재취업 지원을 위한 〈여성새로일하기센터〉를 운영하고 있다.
육아 · 가사 등으로 경력이 단절된 여성을 대상으로 직업상담, 구인 · 구직 관
리, 직업교육훈련, 인턴십, 취업 연계, 취업 후 사후관리 등 종합적인 취업지
원서비스를 제공한다.

– 한국여성인력개발센터연합(www.vocation.or.kr)
성인여성 일반이 기초적인 직업훈련을 받고 심화된 일반 전문직업훈련으로
가는 중간적인 브리지 기관의 성격을 가진 직업훈련을 포함한 여성 취업지원
기관이다. 경력단절여성이나 기존 노동시장에서 사각지대에 속한 전업주부,
중 · 고령층 여성, 여성가장, 차상위계층 여성들에게 다양한 취업지원서비스
를 제공한다.

06
육아는 즐기되
인생의 중심에 두지 마라

어느 날 아침에 기분이 좋아서 콧노래를 부르며 설거지를 하다가 문득 이런 생각이 들었다. '친정엄마가 집안일을 하시면서 콧노래를 부르신 적이 있었나?'

어린 시절 기억 속에 40대 주부였던 친정엄마의 모습이 떠올랐다. 주로 주방에 자주 계셨다는 것, 언제나 일거리를 손에서 놓지 않으셨다는 것, 그것이 부업이든 가사일이든 엄마는 늘 바쁘셨다.

그도 그럴 것이 열 세 식구의 살림살이를 혼자서 감당하기에는 하루 24시간이 부족하셨을 것이다. 체력적으로도 당연히 벅차셨을 것이고 가까이 하기엔 너무나 멀고 어려운 시부모님, 냉랭한 시동생 넷, 가정 일에 무관심한 남편 그리고 아이 다섯의 양육까지 심리적으로 많이 힘드셨을 것이다.

그런 엄마에게 콧노래를 부를 시간과 여력은 사치에 가까웠을 것이다. 내가 기억하는 엄마의 40대는 그렇게 지나갔다. 그래서인지

밝게 웃으시거나, 여유로운 모습으로 나와 함께 계셨던 기억이 잘 없다. 엄마의 일상은 전혀 행복해보이지 않았지만 그 와중에도 한결 같이 우리에게 이렇게 말씀하셨다. "내가 느그들 하나 보고 산다. 내가 뿌린 씨니 끝까정 내 손으로 거두고 가야제."

어느 날 수돗가에서 쪼그리고 앉아서 고등어를 손질하시는 엄마를 보며 얘기를 나눈 적이 있었다. 탱글탱글한 생선의 눈이 나를 뚫어져라 바라보는 같이 느껴져서 무서운 마음에 엄마한테 이렇게 물었다. "엄마는 이렇게 징그러운 걸 어떻게 만져요? 엄마는 무섭지도 않아요?" 그러자 엄마는 평상시와는 달리 부드럽고 따뜻한 눈빛으로 내게 말씀하셨다.

"엄마도 처음에는 무서웠으. 헌디 내 자석들 입에 들어간다고 생각하믄 이까짓 거 하나도 안 무서워. 너도 이 다음에 엄마가 되믄 자연히 알게 될 긋잉께."

오로지 자식들 크는 모습을 지켜보면서 힘든 하루하루를 버텨내신 엄마였다. 그런 그녀를 곁에서 지켜보며 내 안에는 모종의 죄책감이 커져갔다. '우리 때문에 많이 힘드시겠구나…' 하지만 지친 엄마를 일으켜 세워드리고, 즐겁게 해드릴 수 있는 방법이 내게는 많이 없었다. 자라면서 그게 제일 안타까웠다.

매일같이 힘든 엄마를 볼 때면 문득 불안감이 덮쳐 올 때도 있었다. '혹시라도 결혼생활이 너무 고된 나머지 우리를 버려두고 어디론가 떠나버리시면 어떡하나'하는 생각이 들 때였다. 그럴 때마다 나는 '착한 아이'가 되어야겠다고 다짐을 했고 부모님을 기쁘게 해드리는 것에 오로지 나의 삶의 의미를 두었다.

가토 다이조가 쓴 『착한 아이로 키우지 마라』에는 이런 말이 나온다.

"착한 아이를 움직이는 것은 기쁨이 아니라 불안감이다. … '착한 아이'는 부모를 기쁘게 하고 싶은 마음에서 열심히 노력하지만 마음은 여전히 외롭고 무기력하다. 처음부터 곤란한 상황과 싸울 힘도 없고 그것을 견뎌낼 힘도 없다."

스물여섯의 이른 나이에 결혼을 한 이유 중 하나는, 부모님께 짐이 되고 싶지 않았기 때문이다. 그런데 결혼을 하고 한 남자의 아내가 되고, 두 아이의 엄마가 되어 친정엄마를 다시 바라보았을 때에는 원인모를 배신감이 들었다.

자식들 하나만 바라보며 사셨다는 엄마였다. 바라시던 바대로 자식들이 장성을 하고 사회인으로 각자의 삶을 잘 살고 있음에도 불구하고 엄마는 전혀 자유롭거나 행복해 보이지 않으셨기 때문이다. 내 안에서는 끊임없이 엄마를 향해 이렇게 외치고 있었다.

'이제는 제발 좀 행복해지세요. 누가 엄마더러 희생하고 살라고 했냐고요!'

책으로 써도 열권은 족히 넘을 거라고 하시는 엄마의 지난한 인생살이 속에는 한 여자로서의 '행복스토리'는 좀체 찾을 수가 없었다. 결혼 후 자신을 잊고 사신 지난 40여년의 세월을 엄마는 자주 후회하셨다. 그 때 나는 비로소 알게 되었다. 자식은 단지 자식일 뿐이라는 것을. 엄마로서 자신의 행복은 엄마 스스로가 찾아야 한다는 것

나만의 인생드라마에서 엄마라는 역할은 소화해내야 할 여러 배역 중 하나일 뿐이라는 사실이다.

을 말이다.

막내인 다섯째까지 독립을 하면서 아버지와 단둘이 집에 남겨진 엄마는 부부사이에 갈등이 잦으셨고 많이 외로워하셨다. '빈둥지 증후군'empty nest syndrome, 애정의 보금자리라 여겼던 가정이 빈 둥지만 남고 주부들 자신은 빈껍데기 신세가 되었다는 심리적 불안에서 오는 정신적 질환 및 심리상태'으로도 매우 힘들어하셨다.

그 후 몇 년 동안 엄마는 잃어버린 자기 자신을 찾아 헤매셨다. 내향적인 성격인 줄 알았던 엄마가 라인댄스며 요가 등을 배우러 다니셨고 산악회 등 적극적으로 바깥활동을 시작하셨다.

친정엄마를 보고 있자니, 빈둥지 증후군은 반드시 아이들이 모두 성장하고 독립할 나이가 되어서야 찾아오는 것은 아닌 것 같다. 내 안에서 나를 소외시킨 채, 남편과 아이로 가득 채웠던 마음의 방이 텅 비게 될 때 찾아오는 공허함이 아닐까?

내게도 공허함이 찾아온 적이 있었다. 아이들이 지금보다 좀 더 어릴 때였다. 별보고 출근해서 달보고 퇴근하는 남편과 살다보니, 아침 출근길에 아이들을 어린이집에 데려다주고 퇴근길에 데리고 오는 것은 내 몫이었다. 아이들 저녁밥을 먹이고, 씻기고, 재우고 나서야 나혼자만의 시간을 가질 수 있었는데, 퇴근하는 남편을 기다리며 밤늦게 설거지를 하는 것으로 시간을 보냈다. 그럴 때마다 왠지 모르게 마음 한 구석이 허전하고 쓸쓸했다.

늦은 남편을 기다리며 인터넷으로 쇼핑을 하거나 육아 정보를 찾아 읽다가 혼자 잠든 적도 잦았다. 그러다가 자리에 누울 때면 '대체 내가 지금 뭐하고 있는 거지?'하는 생각에 한숨이 나왔다. 하루 온종일 거들떠보지도 않았던 내 몸과 마음이 외치는 신호였지만 그 때는 미처 눈치채지 못했다.

해도 해도 끝이 없고 표시도 안 나는 게 집안일이다. 엄마 입장에서는 최선을 다해서 사랑과 관심을 주는데도 계속해서 더 달라고 하는 아이들, 거기에다 애들 교육이나 집안일에 심드렁한 남편을 보고 있노라면 헛웃음이 나올 때가 있다. 살림이며 육아며 나 혼자 북 치고 장구 치는 듯했다. '애는 나 혼자서 낳았나?'하는 생각이 들때면 이렇게 몇 년만 더 하다가는 얼마 못가서 제 풀에 스스로 걸려 넘어질 것만 같았다.

어느 순간에는 전혀 행복하지 않은 나와 마주쳤다. 마치 친정엄마가 그랬던 것처럼 자꾸만 내 자신이 사라지는 것만 같았다. 결국엔 나도 엄마처럼 살게 되지 않을까 두려워졌다. 내게 주어진 한 번 뿐인 인생을 희생이라는 이름으로 '엄마의 인생'만을 살다 가고 싶지는 않았다.

직장일과 집안일 그리고 육아로 인해서 잊고 있었던 나를 찾아 나서기로 마음먹게 된 것은 내 인생 대부분을 애들 키우는 것에만 전념하지 말고 나 자신도 좀 키워보자는 생각에서였다.

누구의 간섭도 강제도 없이 내가 스스로 선택한 남자 그리고 결혼이었다. 우리 부부를 찾아온 소중한 사랑의 결실인 자녀, 육아와 살림 그리고 직장까지. 부모님 슬하를 떠나면서부터 내린 선택의 결정체들이 지금의 내 일상이었다. 선택의 주인공은 다름 아닌 나 자신이었다.

나를 주인공으로 세우자 하루하루가 조금씩 다르게 다가오기 시작했다. 비록 일상은 하나도 변한 게 없었지만 내가 내 힘으로 조금씩 행복해질 수 있다고 결심하자, 엄마 역할에 대한 부담감도 무게가 조금은 가벼워졌다.

리더십학의 아버지격인 워렌 베니스는 행복에 대해서 아래와 같이 말했다.

감정도 습관이다

감정도 습관이라고 하네요. 우리의 뇌는 오랜 시간 동안 익숙해진 감정을 더 좋아한다고 해요. 그래서 어려서부터 자주 느꼈던 감정, 마음 상태를 자꾸만 떠올리려고 한다는군요.
일상이 힘들고 일이 잘 안 풀린다고 생각이 들 때, 조용한 장소에서 깊이 숨을 들이마시며 편안한 자세로 내 안의 감정을 되돌아보는 시간을 가져보세요. '혹시, 내가 자꾸만 습관적으로 떠올리는 감정이 어떤 것인가?'하고 말이에요. 아이와 남편과 얽혀있는 실타래가 있다면 그걸 풀어갈 수 있는 사람은 엄마, 아내 바로 당신 자신이에요. 스스로를 응원해 주세요.

"행복은 향수와 같다. 내 몸에 몇 방울 뿌리지 않고서는 다른 이들을 뒤덮을 수 없다"

지금 아이가 어리다는 이유로 여자로서 자신의 삶의 초점을 온통 육아에만 맞추고 있는 엄마가 있다면 꼭 살펴보아야 할 것이 있다. 나만의 인생드라마에서 엄마라는 역할은 소화해내야 할 여러 배역 중 하나일 뿐이라는 사실이다.

엄마라는 배역을 즐기며 하되 내 인생의 중심에는 반드시 내 이름 석 자를 두어야 한다. 우리 모두는 스스로가 정한 배역과 그리고 삶을 살기 위해 이 세상에 온 것이지, 엄마역할만 하기 위해 이 세상에 온 것은 아니기 때문이다.

더 좋은 가정, 더 좋은 교회, 더 좋은 동네, 더 좋은 도시, 더 좋은 나라,
더 좋은 세상을 원한다면 자신부터 더 좋은 사람이 되어야 한다.

— 호니 에번스 —

07
'지금까지'보다 '지금부터'의
나를 고민하라

살다보면 특별히 큰일은 없지만 왠지 모르게 계속해서 지치고 힘들 때가 있다. 혹자는 이럴 때 작고 하찮은 것이라도 주변에서 감사할 거리를 찾아내보라고 말한다. 감사하는 마음으로 생활하다 보면 현실이 조금씩 나아보일 거라는 얘기다.

그러나 사람의 마음이란 게 참으로 간사하다. 주변을 둘러보다 보면 유독 나보다 너 나은 상황의 사람들만 눈에 들어오기 때문이다. 결국 지치고 힘든 마음을 달래보겠다고 시작한 일이, 나의 현실을 더욱 비관적으로 생각하게 만드는 경우가 생긴다. '다들 나보다 잘 먹고 잘 사는구나. 내 인생이 그렇지 뭐'하면서 말이다.

내가 세상을 그리 오래 살아본 건 아니지만, 누구에게나 인생을 살면서 감사할 거리는 분명히 있다고 생각한다. 이를테면, 누구에게나 적용되는 불변의 진리 같은 것이 그것이다. 이 세상에 거저 이루어지는 것은 없다는 것, 상처 없이 살아가는 인생은 아무도 없다는 사실 말이다.

둘째 아이를 막 낳고 큰 아이 돌보기까지 한창 힘들었을 때 내 아이보다 좀 더 큰 아이를 둔 엄마들을 보면서 많이 부러워했다. "이제 다 키우셨네요. 애한테 손이 덜 가서 편하겠어요"하며 부러운 말투로 물어보면 엄마들의 반응은 한결같았다.

"다 키우긴요. 더 어릴 때가 좋았어요. 이제부터 시작인 걸요."

처음엔 이 말의 뜻을 몰랐는데 내 아이들을 초등학교에 보내고 보니 이제는 그 엄마들의 마음을 알 것 같다.

다 키운 것 같아 보이는 초등학교 고학년 아이들의 엄마도 자녀에게 신경이 쓰이는 것은 마찬가지였다. 성인이 되면 엄마의 걱정이 좀 덜어질까? 애들 다 결혼시키고 난 다음에는 편해질까? 엄마의 고민, 걱정은 언제쯤 끝이 나는 걸까?

어느 날 등교하는 아이들과 아파트 엘리베이터를 같이 타고 내려간 적이 있었다. 1층까지 내려가서 배웅을 하려는데 마침 바로 아래층 아주머니께서 타셨다. 안 그래도 아이들이 집 안에서 종종 뛰어서 층간소음 때문에 걱정이었는데 죄송하단 말씀을 드리며 어디 가시는지를 여쭈었다. 그랬더니 아주머니께서는 별 말씀 없이 두 눈을 끔뻑이시더니 어딜 좀 다녀올 데가 있다고 하면서 황급히 나서셨다.

마침 그 날 오후에 집에서 부침개를 부쳤는데 평상시보다 넉넉하게 해서 아래층에 좀 갖다드려야겠다고 생각했다. 학교를 마치고 온 큰아이와 함께 내려갔다. 아파트 층간소음 문제로 이웃과 소통하는 방법 중 하나는 뛰는 당사자인 아이를 함께 데려가서 인사를 드리면 좋다고 한다.

문을 열어주시길래 아침에 외출은 잘 하고 오셨는지 여쭈었다. 아주머니 표정이 그다지 좋아 보이지 않아서 부침개만 얼른 드리고 집으로 올라가려던 참이었다. 그런데 자세히 보니 아주머니 눈가에 눈물이 맺혀 있는 것이 아닌가! 금방이라도 펑펑 우실 것만 같았다.

"애기 엄마, 잠깐 좀 들어올라우?"

아주머니는 차를 한 잔 내어주시고는 한 숨을 크게 내쉬셨다. 아침에 급히 다녀온 곳은 다름 아닌 대학병원의 신경정신과였다고 하셨다. 마음이 너무 힘들어서 거기라도 가면 좀 괜찮아질까 해서 예약하고 오랫동안 기다린 끝에 진료를 받을 수 있었다고 하셨다.

"이 날 평생까지 자식 새끼덜 키우고, 남편 뒷바라지해도 다 소용없습디다."

아주머니께서는 그동안 가족들에게 서운했던 점들을 토로하셨다. 우선은 결혼을 하고나서 집에도 잘 찾아오지 않는 아들에 대한 서운함이 가장 컸다. 엄마가 어디 아프다고 누워있어도 관심도 없는 무심한 딸에다, 자기 혼자 밖에 모르는 독불장군 남편이 미워죽겠다고 하셨다.

몸 생각 않고 평생을 바쳐서 남편 외조와 자식들 뒷바라지를 했지만 자신에게 남은 거라곤 우울증과 여기저기 안 아픈 데가 없는 몸뚱아리뿐이라고 하셨다. 그러고는 한참동안 아무말없이 우셨는데 아주머니를 보면서 나도 코끝이 찡해졌다.

"내가 이 나이에 젊은 애기 엄마한테 별 소리를 다 했구먼."

눈물을 훔치시는 아주머니의 손을 꼭 잡아드렸다. 지난 시절 자신을 잊은 채 남편과 자식들 그리고 가족을 위해서 모든 것을 바친 한 가녀린 여인의 모습이 보였다. 아주머니를 가장 힘들게 하는 것은 다름 아닌 외로움과 서운함이었다. 나는 아주머니를 보면서 친정엄마가 떠올랐는데 어머님 연배의 분들이 비슷하게 겪는 감정 같다고 하며 위로를 해 드렸다.

그런 아주머니께 차마 이렇게 여쭈어 볼 수는 없었다. "자제분들이 장성했으니 지금은 홀가분하시죠?"라고.

젊은 엄마들 중에도 자녀양육으로 힘들어하는 엄마들이 많이 있다. 이 순간만 벗어나면 내 상황이 조금 나아질까하고 희망을 가지고 살아간다. 과연 아이들이 다 크고 나면, 엄마들은 행복해질 수 있는 것일까? 자녀가 어른이 되고 엄마 나이가 50이 넘으면 엄마노릇이 더 홀가분해질까? 과연 그럴까?

멀리 갈 필요도 없다. '청춘은 60부터'라는 표현처럼 주변에 왕언니들 몇 분을 먼저 살펴보자. 노년을 황홀하게 즐기고 계시는 분들이 많이 계신가? 찬찬이 깊이 있게 들여다보자. 어쩌면 머지않아 그 삶이 나의 미래가 될 수도 있기 때문이다.

우리의 어머니 세대가 공통적으로 느끼는 감정이 있다. 바로 외로움과 서운함이다. 긴 세월을 보내면서 주어진 삶의 무게를 견디느라 내면의 목소리를 잊고 지내셨던 분들, 그들의 잊혔던 자아가 이제는 자신을 돌아봐달라고 소리치는 것이 바로 외로움이 아닐까?

자아를 밀어내고 그 자리에 자녀와 남편을 세워두었는데 막상 지

지난 시절 자신을 잊은 채 남편과 자식들 그리고 가족을 위해서 모든 것을 바친 한 가녀린 여인의 모습이 보였다.

나간 세월, 젊음에 대한 보상을 어느 누구에게도 받지는 못한 것 같아서 서운한 감정이 밀려드는 것은 아닐까?

비벌리 엔젤은 『여성들의 아주 특별한 지혜』에서 외로움과 고독에 대해서 이렇게 말하고 있다. 외로움을 두려워하면 쉴 새 없이 타인을 찾게 되고 그로 인해 만족은커녕 파괴적인 관계에 머물기 쉽다. … 고독이란 단지 혼자라는 것 이상의 의미를 뜻한다. 그것은 바로 자신의 내면으로 들어가 해답과 위안과 영감을 얻는 시간이며, 마음의 목소리와 지혜를 찾는 시간이기도 하다.

아주머니께 이제부터라도 자신의 마음이 시키는 일을 해보라고 말씀드렸다. 지금까지는 누구의 아내, 누구의 엄마로 살아왔지만 앞으로는 자신이 원하는 것, 좋아하는 것을 조금씩이라도 하면서 하루하루를 본인을 위해 즐거운 일들도 채워보라고 말씀드렸다. 이는 '바이오피드백Bio Feedback'이라는 방법으로 스스로의 노력으로 초조함이나 불안한 상태를 가라앉히는 것이다. 우울증에 빠지기 전에 자신이 좋아했던 일들을 해보는 것이다.

차츰 얼굴빛이 환해지더니 아주머니는 입가에 살짝 미소를 지으며 말씀하셨다. "애기 엄마, 혹시 어디 선생이우? 아침에 의사선생이 했던 말이랑 똑같이 하는구먼."

직장인으로, 아내로 그리고 엄마로, 전쟁 같은 하루하루를 지내다 보면 숨이 턱밑까지 찰 때가 있다. 배우자인 남편조차도 내 상황을 이해해주지 못한다는 생각이 들 때, 내 뱃속에서 나온 자식들조차 내 마음을 몰라준다고 생각이 들 때, 나는 아이들에게 이렇게 외치곤 한다.

"엄마도 사람이거든!"

엄마도 힘이 든다고, 전지전능한 신이 아니라는 것을 아이들에게 고백하며 그 순간만큼은 엄마노릇을 잠시 내려놓는다. 엄마라는 이름의 무게는 예나 지금이나 다를 바가 없는 것 같다. 세대가 바뀌었음에도 불구하고 엄마로서 나의 삶 역시 친정엄마가 사셨을 때처럼 힘이 들고 마음고생을 하는 듯 한 느낌이 들때가 있다. 물론 일의 강도나 스트레스를 받는 종목은 다를수도 있겠지만

하지만 어머니 세대를 지켜보며 한 가지 확실히 깨달은 점이 있다. 가족 안에서 엄마가 행복함을 느끼지 못한다면 그 가정은 육체적, 심리적 건강함을 보장 받을 수 없다는 것이다. 이 즈음에서 엄마는 의식적으로 잠시 멈추어 생각해볼 노릇이다. '나는 지금껏 어떻게 살아왔는가?' '내 자신은 과연 어디쯤에 있는가? 나는 나를 잊지 않았는가?'

엄마들은 매일 반복되는 생활 속에서 자신을 찾는 노력을 지속적으로 해야 한다. 지금까지의 나보다는 지금부터의 나를 계속해서 고민해야 한다. '외롭다, 우울하다'는 감정은, 하루 24시간 안에 나를

위한 한 도막의 시간이 필요하다는 것을 알려주는 신호이기 때문이다. 주변인들의 목소리가 사라진 고요한 시간 속에서 내 마음을 만나보길 바란다.

아랫집을 나서며 한 층 위인 우리집을 향해 함께 계단을 오르던 딸아이가 말했다.

층간 소음 대처법

요즘 아파트와 같은 공동주택 생활을 하는 사람들이 많아요. 그러다보니 층간소음으로 이웃간에 얼굴 붉히는 일이 잦고요. 저 역시 실내 · 외를 구분 않고 활동적인 두 아이를 키우다보니 아랫집에 사는 가족들에게 미안해지더라고요. 무엇보다 층간소음의 해결 방법은 이웃간의 배려와 이해라고 하지요.

저는 평소에 이웃간에 소통이 중요하다고 생각해요. 그래서 엘리베이터에서 아랫집 사람들을 만나면 더욱 반갑게 인사를 나눠요. 불편함을 드려서 죄송하다는 말씀과 함께 아이가 옆에 있을 때에는 함께 사과를 드려요. "우리가 뛰게 되면 이 어른들께서 소음을 듣게 되신단다"하고 말이죠.

또는 집에서 먹거리를 만들거나 제철 과일 등을 싸게 살 일이 생기면 조금 넉넉히 주문해서 함께 나누기도 하지요. 조금 과한 거 아니냐고요? 공동주택에서는 우리집 바닥이 아랫집의 천장이고, 우리집 천장이 윗집의 바닥이니까요.

* 층간소음이웃사이2642센터

수도권과 5대광역시부산,대구,울산,대전,광주 현장방문상담 · 측정서비스, 공동주택집중관리서비스, 층간소음 해결교육을 제공

온라인접수: 국가소음정보시스템(www.noiseinfo.or.kr)

전화상담서비스(☎1661-2642)

"엄마, 저 할머니 안 행복해보였어. 불쌍해."

아이의 말을 듣고 나서 정신이 번쩍 들었다. 우물쭈물하다가 나도 어느 순간 우울한 노년을 맞이하게 되는 것은 아닐까? 지금의 나를 둘러보았다. 그 순간 내 입에서는 '감사거리'가 마구 쏟아져 나왔다.

"감사합니다. 저는 아직 젊습니다. 지금까지의 나보다 지금부터의 나를 고민하며 살겠습니다."

3장

나는 무엇으로
결정되는가

:

누구나 삶으로부터 질문을 받는다.

삶이 던지는 질문을 삶을 통해 대답하는 수밖에 없다. 그리고 내 삶에

온전히 책임을 질 때에만 삶이 던지는 질문에 당당히 답할 수 있다.

− 빅터 프랭클 −

01
끝없이 묻고 답하며
당신만의 인생을 찾아라

나는 '선택'이라는 단어를 참 좋아한다. 결혼을 기점으로 더 많이 좋아하게 되었다. 어떨 때는 이 두 글자가 고맙기까지 하다. 나의 삶은 내가 디자인 할 수 있다는 희망 때문이다. 그리고 이 낱말과 함께 짝꿍처럼 다니는 또 다른 단어도 익혔다. 바로 '책임'이다.

'선택을 할 수 있다'는 것은 다른 말로 기회가 주어졌다는 뜻이다. '선택을 했다'는 것은 그에 따르는 결과에 대해 책임도 지겠다는 암묵적인 약속이 전제되어 있다. 그러한 약속을 지키지 않을 경우, 그 사람을 무책임한 사람이라고 부른다.

인생길에서 우리는 무수한 선택의 기로에 놓이게 된다. 그 때마다 스스로에게 질문을 던지며 길을 찾아야 한다. 선택을 위해 스스로에게 건넨 질문과 그 질문에 대한 답의 총합이 바로 우리의 삶이 되는 것이다.

어린 시절에는 선택할 수 있는 권한이 그다지 많지 않다. 어쩌면,

부모의 양육 방식에 따라서 선택권이 하나도 없는 삶을 살게 되기도 한다. 우리나라 사회에서는 아직까지도 부모가 자신들의 선택과 그에 따른 결과를 자녀들이 수용하기를 바라는 경우가 많기 때문이다. 그러다보면 아이는 자신의 선택과 판단으로 자기 인생을 사는 것이 아니라 부모의 인생을 대신 살아주는 결과를 낳게 된다.

나의 어린 시절도 예외는 아니었다. 형제가 많다보니 부모님의 사랑을 골고루 받는다는 것은 거의 불가능한 일이었고, 집안에 어른들이 많이 계시다보니 항상 어른들의 지시대로 아이들은 따라야했다.

그 속에서 가장 많이 힘들어 보이는 사람이 바로 엄마였다. 어린 딸의 눈에도 엄마는 하고 싶은 것보다는 해야 하는 것이 참으로 많은 사람이었다. 좋아하는 것을 하면서 행복한 모습보다는 해치워야 하는 산더미 같은 일 속에서 매일 바쁘셨다.

그러다보니 다섯이나 되는 자녀들을 짧은 시간 내에 되도록 감정 소모나 신경을 많이 쓰지 않고 교육하는 방법을 택하셨던 것 같다. 부모와 자식 간에 솔직하고 진정성 있는 감정적인 교류는 자주 없었지만 주어진 것만 잘 해내면주로 학교공부였다. 가족 안에서 존재가치를 확인받을 수 있었다. 그런 경우는 대부분 부모님이 하라는 것을 따를 때였다.

'학교 성적표 잘 받아오기' '착한아이 되기'가 학창시절 나의 가장 큰 목표였다. 하지만 공부를 잘 하는 것은 타고난 머리와 학습전략이 있어야 했고 학창시절의 나는 그런 걸 도무지 알 길이 없었던 터라 중상위권에서 맴돌다가 학교를 졸업했다. 부모님과 함께 사는 동안은 내 인생의 주인이 나라는 사실도, 삶은 선택의 연속이라는 사실을 실감하지 못하고 자랐다.

고집대로 결혼을 결정하면서부터 나의 일상은 선택에 따른 책임의 무게를 견뎌내는 훈련장이 되었다. 남편과 삐걱대던 때도 어디 하나 조언을 구할 데가 마땅치 않았다. 거기에 출산과 양육은 정말이지 내 인생 최대의 도전과제였다.

도전과 선택, 그리고 결과에 대한 책임이 인생여정이라는 것을 다름 아닌 나의 두 아이들이 깨우쳐 주었다. 큰아이가 두 돌을 막 넘기면서부터 보인 동생을 타는 행동은 날이 갈수록 나를 힘들게 했다. 시도 때도 없이 우는 소리를 견딜 수가 없었고 신경질을 내며 짜증내는 목소리를 참아내기가 어려웠다. 어느 때에는 아이가 내 바짓가랑이를 잡고 올려다 볼 때가 있었는데 감정을 다스리지 못한 나는 아이와 눈을 마주치고 싶지 않을 정도였다.

하고 싶어서 결혼했고, 낳고 싶어서 두 아이를 낳았는데 대체 내가 왜 전혀 행복하지 않는 걸까? '내가 어째서 지금의 내가 되었을까'를 스스로에게 묻기 시작했다. 조금씩 나에 대한 고민을 하기 시작하면서 어린 시절의 내가 자주 떠올랐고 부모님에 대한 원망이 생기기 시작했다.

마사 하이네만 피퍼 외 1인이 쓴 『내적불행』에는 사람들이 원하는 삶을 살지 못하는 이유를 밝혀내고 있다. 그리고 보다 나은 삶을 살기 위해 도움이 되는 방법들이 제시되어 있다. 이 책의 기본 전제는 다음과 같다.

'중요한 사회적 변화나 억압이 없는데도 많은 사람들이 원하는 삶을 영위하지 못하는 것은 내적 불행을 안고 있기 때문이다.'

원하는 삶을 살지 못하도록 방해하고, 결심한 것을 끝까지 밀고 나가지 못하게 만드는 내면의 힘을 '내적불행'이라고 한다. 부모의 잘못된 양육 방식으로 인해 어린 시절부터 시작된 내적 불행에서 회복되어 진정한 삶의 즐거움을 누리고 싶다면, 자신의 내적 불행은 과연 무엇인지 들여다보고 정복하여 내적 평정심을 찾아야 한다고 주장한다.

책육아와 엄마표 교육의 대표주자인 엄마가 있다. 큰아들인 푸름이를 대한민국 영재 1호로 키워낸 두 아이의 엄마 신영일이다. 그녀 역시 내적불행으로 인해 초반에 아이를 키우며 힘든 삶을 살았다. 그녀는 『엄마마음』에서 이렇게 말하고 있다.

133

"엄마가 건강해야 가족 모두 행복합니다. 엄마가 힘들면 자신도 모르게 내면의 상처가 툭 튀어나와 가족을 힘들게 하지요. 엄마의 무리한 희생을 바라는 가족은 없다는 것, 알고 있나요?"

분명 내가 이루고 싶어 했던 가정의 모습이 현실이 되었는데 나는 좀처럼 행복하지 않았다. 아이가 아무리 건강하게 잘 커도, 남편과의 관계가 평온해도 내 마음 속에는 절대 채워지지 않는 공간이 있다는 사실을 깨달았다.

엄마와 아내라는 타이틀을 벗어난, 내 안의 홀가분하고 자유로운 한 영혼의 자리였다. 살아있다는 확인을 받고 싶어 하는, 아무런 책임감이나 의무감 없이 진정으로 벅찬 행복감을 느끼고 싶어 하는 내

3장 나는 무엇으로 결정되는가

면의 나 자신이었다. 사랑받고, 인정받고 싶어 목말라 하는 나였다.

육아를 하며 좌충우돌하는 동안 내 어린 시절의 상처와 맞닿았던 기억을 모조리 떠올려보았다. 한동안은 내 안의 모든 불행의 씨앗을 '부모탓'을 하며 씩씩거리고 불평했다. 과거의 내 모습을 떠올리며 서럽고 짠한 마음이 들면 눈물이 흘러내렸다. 그때마다 실컷 울었다. 내 마음 안에, 더 이상은 부모탓을 할 만한 게 남아있지 않다는 생각이 들 때까지 계속해서 아픈 상처를 끄집어내고 털어내려고 애를 썼다. '지금 무엇 때문에 제일 힘이 들어? 어떻게 하면 마음이 좀 더 건강해 질 수 있을까?'

아이를 잘 키우려는 욕심은 내려놓고 나를 먼저 돌보기로 했다. 울고 싶을 땐 실컷 울었는데 그 즈음에 친정집 갈 때에는 틈만 나면 엄마에게 투정을 부렸다.

"어릴 적에 날 조금만 더 사랑해주지. 나도 칭찬 좀 많이 해주지. 혼 좀 덜 내며 키우지. 언니랑 비교 하지 말지."

그럴 때마다 엄마는, "아이고, 이 가시네야. 이 정도믄 엄마 덕분에 잘 큰 거지. 더 이상 뭘 바라냐?"하고 다 큰 딸내미의 투정을 못마땅해 하셨다. 그러던 어느 날엔가는 엄마와 대화를 하다가 서로의 진솔한 마음이 맞닿았다는 느낌이 든 적이 있었다.

"그래, 니가 그리 서운했다믄 미안허다. 근디 너도 알다시피 엄마 처지가 좀 힘들었냐. 그래도 엄마는 순간순간 최선을 다해서 느그들 키웠으. 후회는 읎다."

'선택을 할 수 있다'는 것은 다른 말로 기회가 주어졌다는 뜻이다. '선택을 했다'는 것은 그에 따르는 결과에 대해 책임도 지겠다는 암묵적인 약속이 전제되어 있다.

갑작스레 엄마의 사과를 받은 이후, 내 마음이 서서히 가벼워지고 있음을 느꼈다. 어릴 적부터 내가 그토록 원했던 것은 이런 소통의 경험이었다. 부모님으로부터의 일방통행 의사전달, 지시가 아니라 서로 쌍방향의 대화, 의사소통의 경험 그리고 따뜻한 사랑의 시간에 목이 말랐던 거였다.

이제 더 이상 내 인생이 힘들다는 생각이 들 때 마다 탓할만한 사람이 없었다. 남편에게 불만이 생겨도 그는 내가 선택한 사람이었고 아이도 부부의 가족계획대로 낳은 것이니 아무리 힘들어도 내가 받아들이고 책임져야 하는 생활 그리고 인생이었다.

이처럼 인생이 오롯이 나의 선택에 달려있다 생각하니 스스로에게 더 신중하게 묻고 답해야겠다고 생각했다. 살아가는 동안 끝없이 말이다.

'너의 인생길을 잘 걸어가고 있니? 선택과 책임은 누구의 몫인지 알겠지?'

02
10년 후 다른 인생을 만드는
성장 비밀

    내 인생을 남에게 맡기는 것 만큼 위험한 것은 없다. 나 자신을 제
외한 다른 모든 사람들을 '남他'이라고 본다면 엄밀히 말해서 나의 부
모, 자녀, 배우자도 남인 셈이다. 그런데 우리 주위에는 남에게 인생
을 맡기고 살아가는 여자들을 어렵지 않게 찾아볼 수 있다.

    남편의 기대감을 채우기 위해서 자신을 희생해가며 내조에 열심
인 아내나, 자신의 성장은 뒤로한 채 자녀의 학교 성적관리나 명문
대 입시를 위해서 올인 중인 엄마들이 바로 그런 모습이 아닌가 한
다. 남편의 기대치를 채우고 아이를 좋은 학교에 입학시키는 것 모
두, 엄마의 인생에서 '나는 왜 태어났고, 나는 누구인가'에 대한 질문
에 궁극적인 답을 제시해 주지는 못한다.

    아이들이 지금보다 더 어릴 때였다. 남편이 일찍 퇴근한다고 연락
이 오는 날이면 괜스레 마음이 설레었다. 매콤한 음식을 좋아하는
그를 위해서 사랑과 정성을 듬뿍 담아서 밥상을 차려내던 시기가 있

었다.

하루 종일 집에서 아이들과 있느라 몸과 마음이 녹초가 되어있는 내게 남편의 이른 귀가 소식은 가뭄에 단비 같았다. 어린 아이들과 '우쭈쭈쭈' 어체로 대화를 하다보면 어른들과의 대화가 그리워지곤 해서였는데 어느 날엔가는 '내가 이러다가 한국말을 잊어버릴 지도 모르겠다'는 생각을 한 적도 있었다.

아이 둘을 간신히 유아용 의자에 앉히고 식탁에 남편과 마주하게 되면 그의 음식평이 무척 궁금했었다. 솔직히 말하자면, 남편의 음식 평보다는 하루종일 수고한 아내를 향한 사랑의 응원이나 격려의 말이 더 그리웠다.

텔레비전에서 맛집을 소개하는 리포터들처럼은 아니더라도 최소한 감탄사 몇 개 정도는 연발해주겠거니 했다. 그도 아니면 적어도 아이 둘을 돌보는 와중에 자신을 위해서 어른 반찬을 따로 만들어 차려낸 아내에게 기본적인 예의는 차려줄 줄 알았다. "음. 괜찮네." 정도라도…. 그런데 남편의 반응은 신통치 않았다.

"맛이 어때?"

"먹는데 말 시키지 마."

이런 말을 들을 때마다 남편을 기다리며 한껏 부풀었던 나의 기대 감과 반가움은 곤두박질치기 일쑤였다. 동시에 분노의 게이지가 올라갔다. '집에서 저녁 먹는다길래, 애들한테 관심 덜 쓰고 나름 신경 써서 만들었더니 반응이 고작 그 정도야? 내 남편 맞아? 최소 감사하는 마음이라도 표시해야 하는 거 아냐?'하고 속으로 몇 번씩 곱씹게 되었다.

그날 저녁 내내 풀리지 못한 기분은 아이들에게까지 영향을 미치기도 했다. 기저귀를 갈아도 손길이 거칠어졌고, 아이가 졸려서 칭얼대면 정리되지 않는 나의 감정이 아이한테까지 고스란히 내려갔다. '으휴, 이 녀석도 분명 지 아빠 닮아서 성격이 안 좋을 게 뻔해. 분명히!'

하지만 잠자리에 누워서 하루를 정리할 때면 무엇보다 아이들에게 미안한 마음이 가장 먼저 떠올랐다. 아무 죄 없는 아이에게 화풀이를 해댄 것 같아서 부끄러웠다. 고래싸움에 새우등이 터졌으니 얼마나 억울했을까?

남편, 당연히 내 편이 아니니 호칭도 남편이겠지 하고 씁쓸하게 웃어넘기려다가 그의 반응에 유독 서운해 하고 실망했던 내 자신을 돌이켜 보았다. 내가 바랐던 것은 과연 무엇이었을까? 차려낸 음식에 대한 칭찬을 듣고 싶었던 걸까 아니면 하루 종일 애들과 씨름하느라 지친 내 영혼을 위로받고 싶었던 걸까? 스스로에게 던진 질문이 꼬리에 꼬리를 물면 결국 도달하는 종착점은 한 곳이었다.

'지금 내가 누군가에게 의지하고 싶어 하는구나. 나의 생각, 감정의 주인이 내가 아니었네.'

쉽게 마음의 상처를 받는 엄마들이 있다. 남편이나 시댁식구들의 말 한마디에 상처를 입고 서운해 하며 그럴 때마다 어찌할 줄을 몰라서 절절맨다. 그 독이 아이들에게까지 내려가고 돌연 엄마인 자신의 영혼까지 갉아 먹는 사태가 일어나기도 한다. 그땐 의식의 초점을 재빨리 나 자신에게 맞춰야한다. '발상의 전환' '의식의 전환'이라는 표현은 엄마들에게도 상당히 필요하다.

집안일과 아이 키우는 일에 응원과 격려 그리고 긍정적인 힘이 필요한 나를 위해 생각을 바꾸기 시작했다. 나를 위해 차린 밥상에 남편이 초대되어 앉아있다고 생각을 하자 마음이 상당히 가벼워졌다. '이 반찬을 남편이 싫어하면 어떡하지?'가 아니라 '내가 먹을 밥을 남편에게 조금 나눠준다'는 멘탈 갑의 위치에 서는 연습을 했다. 그러자 생활이 긍정적으로 바뀌면서 마음이 한결 여유로워졌다.

결혼을 한 여자들이 남편의 입맛을 쫓아가는 일이 비일비재하다. 몇 년 동안 같이 살다보면 어느새 사고방식도 비슷한 색깔로 물들어서 결혼 전 자신의 색깔을 잃고 변해간다. 의식의 전환을 일으킬 필요는 바로 여기에 있다.

'나를 지키기 위한 방법'

남편이 아내인 나를 닮아가게 하는 것은 어떨까? 남편을 나의 색깔로 물들이는 것은 어떨까? 사소한 결정에서부터 나 자신을 주인의 자리에 앉혀보자. 반찬을 사러가서 식재료를 고를 때부터 시작해보자. 남편이 좋아하는 걸 장바구니에 가득 담던 습관에서 벗어나서 나를 위한 찬거리를 채워보자. 크고 작은 일에 대해서 스스로에게 의사결정권을 주고 자주 물어보는 시간을 갖자. '지금 너는 만족스럽니? 행복하니?'

집에서 엄마역할을 한다는 것은 육체적으로도 심리적으로도 굉장

쉽게 마음의 상처를 받는 엄마들이 있다. 남편이나 시댁식구들의 말 한마디에 상처를 입고 서운해 하며 그럴 때마다 어찌할 줄을 몰라서 절절맨다.

한 소모전이다. 하루를 지내기 위해서 엄마가 해내야 하는 역할은 꽤 많다. 일이 버거워질 때 남편에게 요청을 해보지만 시원한 대답도 뒤따르는 행동도 보여주지 않는다. 그럴 때면 나도 다 내려놓고 아무것도 하기 싫을 때가 있다. 아무도 날 좀 건드리지 말았으면 하는 그런 때 말이다.

나는 그런 엄마들에게 가정 안에서 자신을 지켜낼 성역을 만들고 멘탈훈련을 하라고 말한다. 내 안에서 하루하루 의식과 영혼이 성장하는 삶을 살아보자. 나를 먼저 튼튼하게 세워보자.

최근 한 지인이 '프로와 아마추어의 차이'에 대해서 보낸 글을 읽었다. 인문학에 조예가 깊은 그가 나름대로 정리해본 것이라고 했다. 읽고 있자니 직장인이건 가정주부건 어느 분야의 사람들이던지 적용이 되는 것 같아서 흥미로웠다. 그 중 현재 가정주부로서, 엄마로서 나의 처지에 가장 많이 가슴에 와 닿는 것을 몇 가지를 추려서 써보았다.

프로는 "너도 살고 나도 살자"고 하지만, 아마추어는 "너 죽고 나 죽자"고 한다.

프로는 자신의 일에 '목숨'을 걸지만, 아마추어는 자신의 일에 '변명'을 건다.

프로는 '리더'이고, 아마추어는 '관리자'이다.

프로는 "해보겠다"고 하지만, 아마추어는 "안 된다"고 한다.

프로는 '사람'을 소중히 하고, 아마추어는 '돈'을 소중히 한다.

프로는 '행동'으로 보여주고, 아마추어는 '말'로 보여준다.

프로는 평생 공부하지만, 아마추어는 한 때 공부한다.

프로는 뚜렷한 목표가 있지만 아마추어는 뚜렷한 목표가 없다.

프로는 '지금 당장'을 좋아하고, 아마추어는 '나중에'를 좋아한다.

찬찬이 읽어 내려가다 보니 인생 곳곳에 적용해 보아도 매우 좋겠다는 생각이 들었다. 그와 동시에 내가 초짜 주부였을 때와 지금의 모습을 비교하면서 묘한 뿌듯함이 느껴졌다. 나의 내적인 성장이 느껴졌기 때문이었다.

페이스북 최고운영책임자인 셰릴 샌드버그는 TED 강연에서 직장에 머무르기를 원하는 여자들에게 다음과 같이 말한 적이 있다.

"첫째, 책상에 앉아라, 둘째, 여러분의 동료를 진정한 동료로 만들어라, 셋째, 그만둬야 하기 전에 그만두지 말라."

그녀의 충고를 내가 처한 상황에 적용시켜보았다. 그러자 세 가지 항목이 오로지 직장인 여성에게만 한정되는 것은 아니라는 생각이 들었다. 그녀의 조언을 듣고 가슴이 뛰고, 주먹이 불끈 쥐어졌다. 나는 마음속에 샌드버그의 조언을 이렇게 아로 새겼다.

첫째, <small>남편과 동등하게</small> 식탁에 앉아라.

둘째, 당신의 남편을 진정한 남편으로 만들어라.

셋째, <small>결혼생활, 육아를</small> 그만둬야 하기 전에 그만두지 말라.

당신이 전업맘이건 직장맘이건 앞으로 한 발자국이라도 나아가길 바란다면, 진정으로 성장하기를 원한다면, 나보다 더 치열하게 살며 고민해 온 인생 선배에게서 성장의 비밀을 전수받을 필요가 있다.

엄마만의 '공간', 꼭 필요해요

엄마들을 만나보면, "나 혼자만의 시간이 절실히 필요하다"고 하소연하는 분들이 많아요.

직장생활과 육아를 병행하느라 바쁜 직장맘도, 아이가 등원 또는 등교하는 동안에 혼자 있게 되는 전업맘 역시도 혼자만의 시간이 필요한 건 매한가지인 것 같아요. 아마도 집이라는 장소는 내 책임 하에서 모든 것이 돌아가고 있다는 부담감 때문이겠지요.

엄마도 에너지나 감정 등을 소모만 할 것이 아니라 충전할 수 있는 시간과 공간이 절실히 필요합니다.

오늘 조용히 혼자만의 장소에서 사색의 시간을 가져보는 건 어떨까요? 집, 아이, 남편, 가족, 직장 등에 생각에서 잠깐 벗어나서 나만 생각해보는 시간 가져보세요. 늘 익숙하던 공간과 시간에서 잠깐만 벗어나도 새로운 기운을 얻게 되는 경험을 할 수 있을거에요.

하고자 하는 것이 있다면 또는 피할 수 없기에 해내야 하는 일이라면 우선 달려들라는 것이다. 그리고 주인이 되어 나아가라. 프로 아내, 프로 엄마, 보다는 내 인생의 프로가 되어보자.

오늘부터 당신을 움츠려들게 만드는 상황보다는 한 뼘이라도 성장하도록 도와줄 수 있는 것들에 시선을 돌려보자. 그리고 줄기차게 나아가자.

자기를 내버려두고 남의 일에 정신이 팔려있는
사람은 자신의 갈 길을 잃어버린 사람이다.

— 공자 —

03
인생의 우선순위를
다시 세워라

화이트보드 칠판에 동심원 네 개가 그려졌다. 그리고는 질문이 이어졌다.

"우리를 둘러싸고 있는 관계의 동심원입니다. 가장 작고 안쪽에 있는 동심원에는 누가 들어가야 할까요?"

부모교육을 받으러 간 첫 날이었다. 한국심리상담연구소에서 열리는 '효과적인 부모역할훈련'Parent Effectiveness Training 교육에서 수업 시작 전 강사선생님의 첫 질문이었다. 수강생들의 답변이 이어졌다.

"배우자인가요?"

"가족이요."

"혹시 부모님?"

"자녀!"

정답이 아니었던지 강사님은 어색한 미소만 짓고 서 계셨다. 약간

성장하는 업무 꿈이 있는 여자

의 머뭇거리는 시간이 생기자 내가 말했다.

"나 자신요."

주부경력 10년이 내게 가르쳐준 가장 큰 깨달음이 바로 그것이었다. 모든 관계의 시작은 바로 나 자신에서부터 출발한다는 것. 가족 관계 안에서도 예외는 아니다. 아이들을 키우고 남편과 함께 건강하게 하루하루를 보낼 수 있기 위해서는 가족이 나를 중심으로 움직이고 있다는 것을 확신할 수 있어야 한다.

"네. 맞습니다. 세상과의 연결 고리이자 모든 관계 맺기의 시작점은 바로 나 자신입니다. 자기 자신을 가장 먼저 보살피고 그 후에 가족 또는 타인과 관계 맺기를 하셔야 합니다"라고 강사님이 정리해주셨다.

어찌 보면 뻔한 답이다. 이 세상의 중심은 나다. 무슨 일이 있든지 제일 먼저 나를 중심에 세우고 소중하게 아껴야 한다. 그러나 막상 현실에서는 나와는 동떨어진 얘기처럼 들릴 때가 많다. 당차게 살림도 잘하고 직장까지 다니는 슈퍼 워킹맘들의 이야기로만 느껴진다.

나 자신 보다 더 중요한 것이 세상에 또 있을까? 하지만 현실을 살아가다보면 이 뻔하고도 가장 중요한 사실이 제일 먼저 잊히게 된다. 애 낳은 여자들은 특히나 더 그렇다.

결혼을 하면 남편이라는 존재가 주부의 일상에 크게 자리 잡게 된다. 식탁에 올라오는 밥반찬들부터 집안의 크고 작은 의사결정권에서 남편을 지나치게 의식하다보면 어느새 아내인 나는 투명인간이 되기 십상이다. 아이를 낳아 키우면서도 마찬가지다. 엄마의 우선순위가 남편에서 자녀양육·교육으로 옮아갈 뿐이다.

지난 나의 경험을 돌이켜보면, 사람은 인생의 여러 전환점을 통해 자신의 진정한 존재가치를 확인하게 되는 것 같다. 나의 경우에는 결혼이 바로 그 전환점이었다.

미혼일 때는 나 스스로에 대해서 깊이 생각해 본 적이 자주 없었다. 개인적인 취향은 파악하고 있었지만 가치관과 신념 등을 확인할 수 있는 경험이 많이 없었다. 평범한 사회인으로 '어른'이라는 타이틀을 달게 되었음에 뿌듯해하며 살았다. 하지만 무늬만 어른이었지 내면의 성장은 크게 없었다. 학창시절과 별반 다르지 않은 생활을 했기 때문인 것 같다.

학생 때와 달라진 것이 있다면 등하교 대신 출퇴근을 한다는 사실 정도였다. 사회 초년생으로 삼 년의 시간을 보내고 있던 중 어른으로 산다는 것이 무엇인지를 알게 해준 결정적인 계기가 찾아왔다. 바로 결혼이었다.

부모님 댁을 나오면서 생각했다. '이제부터는 뭐든 내가 하고 싶은 대로, 마음먹은 대로 하며 살 수 있겠구나.' 하며 눈앞에 찾아온 해방감에 들떴다.

"이제 니 사람 됐응께 뭐든 잘 먹이고 잘 보살펴야 헌다. 잉! 한 집안의 가장인 남편이 아프믄 온 가족이 힘들어지는거여."

친정엄마는 늘 남편을 잘 보필해야 한다고 하셨는데 그래야 가정

<u>나 자신 보다 더 중요한 것이 세상에 또 있을까? 하지만 현실을 살아
가다보면 이 뻔하고도 가장 중요한 사실이 제일 먼저 잊히게 된다.</u>

이 평안해지기 때문이라고 하셨다. 그 신념 하나로 사십년 가까이 남편을 내조하

며 살아오신 당신의 속은 정작 썩어 문드러졌음에도 불구하고 결혼한 딸자식에게는 그렇게

하라고 일러주셨다. 참 아이러니했다.

"우리의 어머니 세대는 가부장적이고 전근대적인 사회 분위기 속
에서 남자보다 덜 교육받고 의존적인 성향을 가진 여성으로 자랐다.
묵묵히 남편을 내조하고 자식을 위해 뒷바라지 하는 것이야말로 그
시대가 요구하는 미덕이었다." 『마더쇼크』는 헌신과 희생이란 이름
의 모성에 대해 말하고 있다.

신혼 초 나의 생활도 친정엄마의 영향을 많이 받아서인지 헌신과
희생이라는 이름의 사랑을 실천했다. 진심과 정성을 다하면 행복한
가정을 만들 수 있을 줄 알았고 부부사이의 사랑이란 무릇 그래야 하
는 줄 알았다. 또는 내가 열심히 가정에서 생활하는 모습을 보여주면 남편 역시 그러 하

리라 은근히 기대했는지도 모르겠다.

주말마다 맛있는 요리를 해보겠다고 부산을 떨며 식사준비를 했
고, 평일에는 일찌감치 출근하는 남편을 위해서 과일주스도 갈아서
주고 철마다 몸에 좋은 한약도 먹여보려고 갖은 애를 썼다.

그런데 날이 갈수록 나는 지쳐갔다. 사랑하는 남편의 건강과 안녕
을 챙기는 일인데도 나는 진심으로 행복하지 않는 것이다. 게다가

이런 나를 남편은 못마땅해 했다. 나의 내조가 어떨 때는 잔소리로 느껴진다며 그만하라고 했다. 어느 날엔가는 심지어 이렇게 말하는 것이다.

"결혼하기 전에 엄마도 나한테 이렇게 간섭을 안했는데, 너가 하니 참 부담스럽다."

당시에는 속이 많이 상했다. 하지만 지금 와서 생각해보니 참 다행스러운 일이 아닐 수 없다. 남편이 나의 사랑과 관심을 당연하게 받아들였다면 지금쯤 나는 우리 어머니 세대처럼 희생·봉사적인 내조의 구렁텅이로 나 자신을 계속해서 빠뜨리고 있을지도 모를 일이니 말이다. 자아를 상실한 채로.

갈수록 우리 부부는아니 정확히 말하자면 나는 서로에게 무관심하기 시작했다. 간섭하지 않고 신경 쓰지 않는 것이 오히려 부딪히지 않는 최선의 길이라 생각했기 때문이다. 하지만 이런 모습이 결혼 전 내가 꿈꾸던 행복한 부부와 가정은 아니었다. 시간이 지날수록 궁금해졌다.

'왜 난 갈수록 불행하다 느끼는 걸까?'

아이를 둘 낳자 모유수유가 건강에 두루 좋다기에 직장맘 역할과 젖소부인 역할을 열심히 수행해 나갔다. 당시의 내 모토는, '젖을 잘 만들어서 내 새끼 잘 먹이자'였고 내 몸 생각 않고 수유를 위한 사명감에 불탔다. 생각해보면 나 자신을 동물의 암컷어미처럼 간주하지 않았나 싶다.

좋은 아내에서 좋은 엄마모드로 변신한 나는, 무뚝뚝한 말로 상처를 주고 자녀교육에 무관심한 남편은 신경 쓰지 않기로 했다. 제 때 밥만 차려주면 되었고, 텔레비전만 마음껏 보게 하면 남편은 불만 없이 저녁시간을 보내다가 잠이 들었다. 아무 일 없이 하루가 무사히 지나기만을 바라며 매일을 그렇게 버텨나갔다.

아내일 때도, 엄마일 때도 인생순위에서 나 자신은 항상 밀려나 있었다. 그랬다가 어느 날에는 숨어서 울고 있는 내면의 나와 운명적으로 만나게 된 계기가 있었다. 바로 동생을 본 큰아이의 감정코칭에 서투른 나를 발견했을 때였다. 내안의 감정을 추스르지도 못한 채로 아이의 감정을 헤아려주는 것이 무척이나 어려웠는데 그 때부터 나를 서서히 들여다보기 시작했기 때문이다.

고생길을 자처하기 위해서 결혼하는 여자는 아무도 없다. 꿈꾸던 삶을 살고 인생에서 행복감을 만끽하기 위해서 결혼을 하고 아이를 낳는다. 하지만 어느 순간부터 나 자신은 사라지고 아내와 엄마로만 남아있는 나를 발견하게 된다.

세상의 중심점에 내가 없는 인생은, 누군가 또는 무엇인가에게 끌려 가는 삶이 된다. 해내야 하는 역할을 간신히 소화하며 매일을 '버티는' 꼴이 된다. 급기야 늦은 밤 잠자리에 들며 이렇게 소리치는 자신을 발견하게 될지도 모른다.

'다음날 눈뜨지 말았으면…' '아, 어디론가 사라져버리고 싶다. 아무도 나를 찾지 못하게…'

이러한 마음 속 절규는 사라져가는 내 자신이 스스로에게 보내는 구조신호다.

'내가 대체 왜 이런 걸까? 나는 지금 어디쯤에 있는 걸까?'

소아 정신과 의사 신의진은 『나는 아이보다 나를 더 사랑한다』에서 자신의 가정 이야기를 솔직하게 털어놓았다. 첫째 아이를 낳고 집안일과 육아에 협조적이지 않는 남편을 원망하면서 이혼까지도 생각해 보았다고 했다. 그러면서 이전에는 몰랐던 자신의 상처를 들여다보았다. 그러자 현실을 이겨낼 힘이 생겼고 그 후부터는 힘든 일이 생길 때마다 멈춰서 자기 내면의 소리를 먼저 들어주고 자신을 가꾸기 시작했다고 한다.

결국 내가 제일 먼저 사랑해주고 돌봐주어야 하는 사람은 남편도, 아이도 아닌 나 자신이다. 해도해도 줄어들지 않는 해야 할 일 목록들로 매일을 버텨내기 힘이 든다면, 당신은 지금 당장 인생 0순위에 자기 자신을 올려놔야 한다. 그리고 이렇게 외쳐보라.

"나는 나를 사랑한다, 고로 존재한다."

젊은 날에 내가 누군지, 뭘 잘할 수 있는지,
뭘 잘해야 하는 사람인지 발견한다면
그거야말로 큰 행운이고 축복입니다.

— 공병호 —

04
하고 싶고, 갖고 싶고,
이루고 싶은 것을 찾아라

"미경아, 나도 육아휴직이나 해볼까?"

십년 넘게 알고 지낸 친한 언니에게서 전화가 왔다. 저학년인 둘째 아이를 위해서 육아휴직을 할지말지 고민이라고 했다.

아이들이 유아였을 때 이미 휴직을 한 번 해 본 바 있는 언니는 두 번째 휴직을 생각 중이었다. 하지만 막상 결정을 내리려고 하니 주 저된다고 했다. 우선은 외벌이가 되니 가계에 부담이 클 것이기 때 문이었다. 줄여야하는 가계지출이 생기니 스트레스 해소용으로 그 나마 조금씩 하던 자신만의 쇼핑도 못하게 되어 무지무지 아쉬울 것 같다고 했다.

그런 언니에게 나는 육아휴직을 적극 권장했다. 아이들 입장에서 보면, 직장을 다니던 엄마가 자신들을 위해서 오롯이 함께 할 시간 을 만들어주었다는 것은 굉장히 소중한 추억이 된다. 어차피 평생

놓지 않을 직장생활이라면, 직장에서 보장된 육아휴직 기간을 사용해 보라고 했다.

거기에 더하여 휴직기간은 엄마인 자신에게 주는 선물과도 같은 시간이라고 말해주었다. 잠시 직장을 떠나 있으면서 자기 자신을 깊이 있게 들여다 볼 수 있기 때문이다. 결국 언니는 휴직을 신청했고 초등학교 6학년, 2학년인 딸들을 위해 집에서 시간을 보내기로 했다. 그런데 몇 주 정도 지나서 다시 전화가 왔다.

"나 있잖아. 갑자기 생긴 시간을 뭐하며 보내야할지 모르겠어."

첫 휴직 때 보다 아이들이 커서인지 생각보다 엄마 손이 갈 일이 많이 없다고 했다. 식사와 간식거리를 챙겨주는 등의 일을 하게 되어서 언니는 자기만의 시간이 많이 생겼다고 했다. 그런데 문제는, 갑자기 주어진 시간에 뭘 해야 할지 도통 모르겠다는 것이다.

직장에 다니는 동안에는, 여유로운 시간이 생기게 되면 이것저것 해보겠다고 벼르고 있었는데 막상 시간이 생기니 당황스럽다고 했다. 자신이 뭘 좋아하는지, 뭘 하고 싶었는지 모르겠다고, 막막하다고까지 표현했다.

그 말을 듣고 같은 여자로, 아이 키우는 엄마로 언니의 마음이 고스란히 느껴졌다. 일과 육아에 치여서 하루하루를 바쁘게 살아가다 어느새 자신을 잃어버린, 요즘을 살아가는 엄마들의 마음이었기 때문이다.

마이클 팝킨은 『52주간의 멋진 부모 코칭』에서 좋은 부모 역할을 하기 전에 자기를 보살피라고 충고하고 있다.

"자기 보살핌은 사실상 당신 자신의 안녕과 가족의 안녕을 위해서 재충전하는 행위다. 보살핌을 제공하는 자로서 당신은 자신을 보살피며 에너지를 다시 가득 채울 필요가 있다."

엄마로 아내로 하루를 가득 채워 살다가 '나'를 위한 시간이 생기면 적잖이 당황스럽다. 나를 위해서 시간을 쓰는 것 보다는 결국 엄마, 아내 역할을 하는 데에 시간을 할애해 버린다. 익숙해지다 보니 계속 그렇게 하게 된다. 그러면서 어느 순간에는 가족들의 시시콜콜한 취향은 기억하면서도 정작 나의 취향은 무엇이었는지 잊게 되는 것이다. 하지만 아내, 엄마 역할도 결국엔 나 자신이 건강할 때에 해낼 수 있는 것임을 늘 염두해 두어야 한다. 틈틈이 자신을 보살피며 에너지를 가득 채워두어야 나의 건강하고 행복한 기운이 넘쳐서 가족에게까지 전해진다.

"언니, 무얼 할 때 가장 행복해?"

13년의 결혼생활 동안 꽁꽁 숨어버린, 언니 내면의 자아를 찾아야 할 시점이었다. 몇 가지 질문을 했는데 처음에는, '잘 모르겠어, 몰라.'를 연발하더니 시간이 조금 지나자 언니는 내게 답을 주었다. "나는 맛있는 음식을 먹을 때 가장 행복해. 그럼, 요리나 배워볼까?"

나는 재차 물어보았다. "혹시 맛있는 음식을 만들어서 엄마나 아내역할을 잘 하고 싶어서야?"라고 말이다. 그러자 언니는, 요리에 자신감이 생기면 우선 자신이 제일 먼저 행복할 것 같다고 말했다.

또한 가족들에게까지 맛있는 음식을 해줄 수 있으니 기쁨이 두 배가 될 것이라고 덧붙였다. 아무것도 하지 않고 무기력하게 집에 있는 것보다 일단은 뭐라고 배우고 눈에 보이는 성과를 이루어놔야겠다고 했다. 그래야 집에 있는 시간이 의미 있는 시간이 될 것 같다고 했다.

수화기 너머로 들려오는 언니의 목소리가 통화를 시작했을 때보다 톤이 한층 높아졌다. 그리고 말이 빨라졌다. 마치 언니의 심장박동이 빨라진 것처럼 느껴졌다. 덩달아 나도 목소리 톤이 올라가고 손에 땀이 조금씩 나기 시작했다.

가슴 뛰는 일을 찾아서 하다보면 살아있다는 느낌을 받게 된다. 그런 일은 즐거운 마음으로 오랫동안 할 수 있고, 오랫동안 하다보면 자신감이 생겨서 그것으로 인해서 삶의 활력을 찾게 되기도 한다.

'재능과 자신감의 고리Competence Confidence Loop'라는 심리학 용어가 있다. 어느 한 분야에 대해서 잘 하게 되면 자신감이 생기고 자신감이 생기면 그 일을 계속해서 잘 하게 된다는 뜻이다. 나를 사랑하는 일도 마찬가지다. 나에 대해서 잘 알게 되면 자신감이 생기고 자신감이 생기면 나를 사랑하는 일에 익숙해지고 더 잘하게 된다.

여자에게 주어지는 타이틀이 늘어갈수록 나 자신에 대해서 더욱 깊이 있게 알기 위해서 노력해야 한다. 한 가정의 건강과 안녕이 바로 주부에게 달려있기 때문이다. 그러기 위해서는 내가 하고 싶고, 갖고 싶고, 이루고 싶은 것이 무엇인지를 먼저 찾아야 한다. 나를 사랑해주고 자신감이 생기면 이러한 충만한 감정은 가정생활뿐만 아

자신을 보살피며 에너지를 가득 채워두어야 나의 건강하고 행복한 기운이 넘쳐서 가족에게까지 전해진다.

니라 인생을 좀 더 풍요롭게 살 수 있는 밑바탕을 제공해준다.

몇 주 뒤, 언니는 나를 만나기 위해 직접 운전해서 인천에서 수원까지 오겠다고 했다. 멀리에서 일부러 시간을 내어 날 보러 와주는 언니가 고마워서 시내 작은 호텔에 1박을 예약했다. 그리고 두 아줌마의 은밀하고 오붓한 만남을 자칭 '엄마워크숍'이라고 명명했다.

두 주부의 만남은 그렇게 이루어졌다. 나를 알아가기 위한 여정에 첫 발을 내민 언니를 축하해 주었다. 자정 넘어서까지 이런저런 사는 이야기를 하며 수다를 떨었다. 엄마로서의 책임감을 잠시 내려놓고 나 자신만의 시간을 갖는 것이 얼마나 홀가분하고 황홀한 것인지를 느끼며 행복한 1박 2일을 보냈다.

48시간도 채 안 되는 시간동안 두 집의 아이들은 외박한 엄마의 안부를 묻기 위해 수시로 전화를 했다. 하지만 평상시와 다른 기분과 나긋나긋한 목소리로 통화를 할 수 있었는데 그것은 내 안에 에너지가 충전된 느낌이 들어서였기 때문일 것이다.

"나 있지, 집 근처 문화센터에 한식요리사 자격증 과정을 접수했어. 일단 도전은 해보려고. 내가 하고 싶고, 좋아하는 것은 살아가면서 계속해서 찾아볼 생각이야. 그리고 헬스클럽도 다니고 있어. 나이가 들수록 근력이 중요하다 하잖아."

언니의 목소리에는 활기가 넘쳤다. 그녀는 올해 휴직기간을 이용해 방전된 자신의 영혼을 충전하고 있다. 물론 휴직한 본연의 목적인 아이를 키우는 일도 성실히 하고 있다. 직장맘으로 평상시 아이들에게 잘 해주지 못했다는 미안한 마음을 씻어내고자 택한 그녀의 시간. 하지만 언니는 더 큰 수확을 얻었다. 잊고 지냈던 자기 자신을 서서히 찾기 시작했다는 사실이다.

내가 무엇을 하고 싶어 하는지, 갖고 싶어 하는지 그리고 이루고 싶어 하는지는 반드시 내가 풀어야할 숙제다.

내가 '진짜로 원하는 삶'을 평생 외면했을 때 찾아올 공포를 당신은 상상할 수 있겠는가?

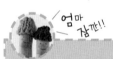
엄마 잠깐!!

버킷리스트를 써보세요

2008년에 개봉한 영화 『버킷리스트』가 있어요. 죽음에 대비하는 두 노인의 모습을 잔잔히 그린 감동적인 내용이었죠. '버킷리스트(Bucket List)'는, 죽기 전에 꼭 해야 할 일이나 하고 싶은 일들에 대한 리스트라는 뜻이죠.
하고 싶은 일을 해내는 기간을 굳이 죽기 전까지로 잡을 필요는 없는 것 같아요. 물론, 지금 당장 이룰 수는 없기에 성취기간을 그렇게 잡은 거겠죠.
엄마로 살고 있는 당신이, 하고 싶고, 갖고 싶고, 이루고 싶은 것을 목록으로 적어보는 것은 자기 내면의 목소리를 들어주는 가장 첫 걸음이라고 생각해요.
버킷리스트이건 드림리스트이건 지금부터 메모를 시작해 보는 건 어떨까요?
지금은 현실에 발이 묶여있지만 앞으로 다가올 미래는 아무도 모르는 거니까요. 엄마, 당신을 찾아보세요.

05
배우고 도전하고
성장하라

2015년 7월 18일, 미국의 세컨드 레이디_{부통령 부인}로선 처음으로 조 바이든 부통령의 부인인 질 바이든 박사가 한국을 방문했다.

"저를 바이든 여사_{Mrs. Biden}'가 아닌 '바이든 박사_{Dr. Biden}'로 불러 주세요."

그녀는 한국 '경단녀' 문제에 공감하며, 자신 역시 세 아이를 키우기 위해 일을 그만둔 '경단녀'라고 했다. 박사는 1977년 당시 바이든 상원의원과 결혼한 뒤 고등학교 교사로 일하다 81년 딸을 낳은 직후 일을 그만두었다. 12년간 일을 중단하고 93년에야 대학 강단으로 복귀하였고 현재 석사학위 두 개와 박사학위를 가지고 있다. 국내의 한 리셉션에서 그녀는 이렇게 말했다. "한 나라의 잠재력이 최대한 발휘되려면 여성이 먼저 잠재력의 최대치를 발휘해야 한다."

한국의 발전은 한국 여성의 근면함과 기여가 없었다면 성취하기 힘들었을 것이라고 말한 그녀는 올해 예순 넷으로 한국에서는 할머니 대접을 받을 나이다. 그럼에도 불구하고 현재 미국의 한 기관노던 버지니아 커뮤니티 칼리지에서 영어를 가르치며 현역으로 뛰고 있다. 남편이 부통령이 된 뒤에도 드물게 일을 그만두지 않은 것이다.

문득, 지금 이 책을 읽고 있을 당신의 나이가 궁금해진다. 생년월일 상의 나이가 아닌, 당신 스스로가 판단하기에 내면의 체감연령은 과연 몇 살인가? 신체나이와 정신나이가 크게 차이가 나지는 않는지 살펴보았으면 한다.

애들을 키우며 집에 있다 보니 이래저래 30대 중후반대의 엄마들을 자주 만나게 된다. 자녀가 초등학교에 다니게 되어 체력적으로는 덜 힘들어졌지만 심리적으로는 더 많이 힘들어졌다는 엄마들부터, 아이를 낳고 이제 막 엄마대열에 들어서서 육아에 좌충우돌하는 초보맘까지 다양하다.

그런데 대화를 나누다 보면 깜짝 놀랄 때가 있다. 엄마들은 자신을 생각보다 지나치게 나이든 사람으로 취급하고 있기 때문이다. 여자나이 30대면 최전성기다. 그런데 이렇게 말하는 주부들을 주변에서 쉽게 만날 수 있다.

"팔, 다리, 어깨, 허리 어디 안 아픈 데가 없어요. 애가 놀아달라고 하면 귀찮아 죽겠어요. 힘들어요."

"에휴…자기계발? 이 나이에 배우긴 뭘 배워. 학교 졸업과 동시에 공부랑은 담 쌓았어. 배우는 거? 머리 아파. 집에서 애나 키우지 뭘. 제발 애들이 얼른얼른 컸으면 좋겠어. 힘들어."

대학 졸업 후 6년간 기자 생활을 하다가 둘째를 낳은 후 육아를 위해 퇴직한 한 여자가 있다. 그녀는 30대의 10년을 꼬박 평범한 전업주부로 살았다. 아들 셋의 엄마가 된 그녀는 40대엔 여성학을 공부하며 여성문제와 교육문제에 관한 글쓰기, 말하기로 바쁜 나날을 보냈다. 50대 초반에는 나이와 몸에 대한 성찰을 담은 책을 펴냈고, 60대에 들어서도 끊임없이 배우고 성장해가며 이 시대를 사는 후배 여성들의 본보기가 되고 있다.

얼마 전 부터는 가수 이적의 어머니로 더 유명해진 여성학자 박혜란씨 이야기다. 내가 그녀를 처음 만난 것은 한창 자녀교육서 읽기에 미쳐있을 때였다. 매스컴에서 아들 셋을 똑똑하게 잘 키워낸 엄마라 조명되고 있던 그녀의 자녀교육이 몹시 궁금해서 책을 찾아 읽었다. 하지만 『믿는 만큼 자라는 아이들』에서 만난 그녀는 나의 예상과는 전혀 다른 엄마였다.

청소를 하지 않아서 집이 '쓰레기장'을 방불케 했다고 고백하는 솔직한 엄마, 아들 셋을 훌륭하게 키워내기까지 그녀 역시 엄마로, 아내로 그리고 한 사람으로 삶의 애환을 겪어낸 보통의 엄마였다. 책을 읽는 내내 솔직 담백하게 풀어낸 한 여자의 이야기에 가슴이 뭉클했다.

그 중에 나를 가장 놀랍게 한 사실이 있다. 녹록치 않은 환경조건에도 불구하고 그녀는 엄마인 자신의 꿈과 공부 그리고 인생에 대한 도전까지 잊지 않았던 강단 있는 여자였다. 아들이 둘만 되어도 엄마는 군대조교 노릇을 해야 할 정도로 힘이 든다고 하는데, 아들 셋

깔끔하고 멋지게 인테리어 된 어른들의 공간에서 아이를 가둬 키우려 하지 말자

을 키우면서도 그녀는 자신을 꿋꿋이 지켜냈다. 아이들과 살을 부비며 놀아야 할 때에는 설거지와 청소쯤은 거뜬히 뒤로 미뤄놓는, 육아신념이 확고한 엄마였다. 그리고 일흔을 바라보는 지금까지도 어떻게 하면 더 재미있게 살 수 있을지 끊임없이 궁리하며 매순간 성장하는, 인생철학이 분명한 어른으로 느껴진다.

그녀의 책을 읽고 나는 일종의 면죄부를 받는 느낌이 들었다. 그녀만큼은 아니지만, 나 역시 집안청소 보다는 아이들과 함께 하는 것을 늘 우선순위에 두며 두 끼 먹은 설거지를 모아서 한꺼번에 하는 등 '집안일 미룸'의 대가였기 때문이다. 남편에게는 "아이들과의 소통과 교감이 먼저다"라며 궁색하게 변명을 해오던 차였다.

두 아이를 키우면서 나에게 주어진 역할이 하나 둘 늘어갈수록, 세상에는 배울 것이 참 많다는 생각을 했다. 가장 먼저 나 자신에 대해서 알아가는 일부터 시작해서 남편과 화목하게 한지붕 아래에서 사이좋게 살기 위해서는 그에 대해서도 진지한 이해가 필요하다고 생각했다.

집안일은 해도 해도 끝이 없고 표시도 잘 나지 않는다. 하지만 조금 미뤄 둔다고 해서 당장에 큰일이 나는 급한 것은 아니었다물론 마음은 찜찜하겠지만···. 반면에 아이들과의 시간은 여기, 바로 지금 함께 하지 않으면 영원히 돌아올 수 없다는 것을 나는 어린 시절을 지나오는 동안 깨달았다.

엄마와 함께 있고 싶어서 주방에서 얼쩡대고 살을 부비면 늘 귀찮아 하셨다. 어린 마음에는 나를 미워하시는 줄 알고 굉장히 서운했고 마음에 상처를 입었다. 하지만 내가 엄마가 되고나니 그 마음을 이해할 수 있었다. 엄마는 혼자서 감당하기에 너무나 벅찬 일들로 힘이 들어서 그러셨던 거였다.

아이와 함께하는 것을 우선순위에 두는 엄마가 되고 싶었지만 그러기 위해서는 나의 육아 철학과 신념이 남편의 협조를 얻어낼 수 있어야했다. 퇴근 후에 남편은 거실 바닥에 널브러진 장난감과 책을 보며 식구들과 눈도 마주치지 않고 얼음판 위에서 스케이트 타는 자세로 거실로 들어섰다. 초기에는 그에게 몹시 서운했는데 어느 날엔가는 진지하게 대화를 나눴다.

"가정에서 당신에게 가장 중요한 우선순위가 무엇인지 말해줘."
"정리정돈이지. 나는 집안이 어지럽혀져 있으면 짜증나."

남편은 집안을 깔끔하게 하는 것을 매우 중요시 했다. 정돈된 집안에서 자란 아이들이 커서도 위생개념이 확실히 잡힌 어른이 된다는 생각을 가지고 있었다. 아마도 어린 시절에 자라면서 몸에 익은 생활습관이자 인생 교훈이었던 것 같다.

나는 아이들이 어린 시절의 따뜻한 추억을 가슴에 품고 어른이 되는 것에 중점을 두고 자녀교육을 하겠다고 말했다. 깔끔하고 멋지게 인테리어 된 어른들의 공간에서 아이를 가둬 키우려하지 말자고 했다. 자유롭고 건강한 유년시절의 추억이 아이들이 어른이 되었을 때 거친 세상을 헤쳐 갈 내면의 힘이 될 것이라고 믿었기 때문이다. 그것이 엄마로서 아이들에게 줄 수 있는 배려이자 따뜻한 사랑이라고 생각했다.

결국 아이들과의 소통이나 대화는 엄마인 내가 주도하기로 했다. 남편은 아이들의 짜증이나 소란스러움을 오랫동안 참지 못하기 때문이다. 대신 신혼 때부터 해오던 청소나 집안 정리정돈에 나보다 신경을 더 많이 쓰겠다고 약속을 해주었다.

 엄마 잠깐!!

'싸우지 않는 방법'도 찾으면 있다

제가 결혼을 앞두고 어느 선배에게 이런 조언을 들은 적이 있어요. '결혼해서 한지붕 아래에서 살다보면 온갖 사소한 일로 싸우게 되는 날이 온다'고요. 그 예로, 치약을 짤 때 위에서부터 짜는 것과 아래에서부터 짜는 것으로 신랑이를 벌이다가 어느 부부가 이혼까지 했다고 하더군요.

그런데 최근에 제가 이와 똑같은 사연의 부부에 대한 이야기를 읽은 적이 있어요. 남편은 위에서부터 짜고 아내는 아래에서부터 짰던 모양이에요. 그런데 이 부부는 사랑의 힘으로 슬기롭게 대처했다고 하더군요. 어떻게 했을까요? 치약을 남편용, 아내용 이렇게 두 개를 나란히 놓고 쓰니 다툴 일이 없어졌다나요.

부부는 등 돌리면 남이라는 말이 있어요. 정말 무서운 말 같아요. 하지만 함께 사는 동안은 서로가 원윈하고 행복할 수 있는 방법을 머리를 맞대고 찾아보아야 한다고 생각해요. 그것이 '사랑'의 모습 아닐까 싶어요.

그렇게 생각하시죠?

남편과 건설적이고 발전적인 대화를 나누며 느꼈다. 결혼생활이 건강하게 지속되려면 부부사이도 서로에 대해서 알아가고 좋은 점은 배워야 한다는 것이다. 가정은 운명공동체이자 인생을 배우는 작은 학교다. 부모는 어릴 적 지나온 삶에서 얻은 배움을 내가 꾸린 가정 안에서 적용하면서 또다시 배우고 성장해야 할 것이다.

나는 여자의 무궁무진한 잠재력은 가정에서부터 발휘된다고 생각한다. 일상 속에서 아내로서 엄마로서 나도 조금씩 배우며 매일 성장해 가고 있다.

새로운 시작은 언제나 불편하다.
그런데 그 길을 열어두는 것이 유일하게 성장할 수 있는 방법이다.
— 마리사 메이어 —

3장 나는 무엇으로 결정되는가

06
내일 서쪽에서 뜨는
해를 보려면

"인생은 흘러가는 것이 아니라 채워지는 것이다. 우리는 하루하루를 흘려보내는 것이 아니라 내가 가진 무엇으로 채워가는 것이다." 영국의 비평가인 존 러스킨의 명언이다.

인생이 주어진 것이라서, 살아내야 한다는 느낌이 들 때가 있다. 어떨 때는 아무것도 해놓은 것 없이 매순간을 마냥 흘려보내고 있다는 생각도 든다. 마치 삶의 주인이 내가 아니고 다른 누군가인 것 같다. 남편이나 아이들. 그러다가 인생의 방관자가 된 나를 발견하고는 서럽게 눈물이 나오는 날도 있다.

"나 있지, 미혼이었을 때 못해본 거 다하면서 결혼생활 재밌게 하고 싶어. 우리 행복한 가정을 만들자. 그게 내 꿈이야."

갓 결혼한 나는 이상적인 결혼생활에 대한 기대감으로 한껏 부풀어 있었다. 꿈속에서 그려보던 행복한 가정을 나와 남편의 손으로 이루어 낼 생각을 하니 가슴이 벅차올랐다.

이제는 밤늦게 돌아다닌다고 부모님 눈치를 보지 않아도 되고, 어디 다녀왔냐고 캐묻는 사람도 없어서 홀가분했다. 그리고 내가 하고 싶은 것을 마음껏 할 수 있을 것이라는 무한한 자유로움에 세상을 다 얻은 것 같았다. 무엇보다 '보호자'라는 이름으로 내 곁을 지켜줄 남편이 생겼다는 사실에 정말 든든했다.

그러나 그 기쁨도 잠시, 시간이 지날수록 크고 작은 일로 남편과 부딪히는 일이 생기기 시작했다. 즐겁고 기쁜 마음으로 집안일을 할 수가 없었다. 반찬 간을 맞추는 것에서부터 남편과 신경전을 했다. 음식이 시어머니가 해주시던 것에 비해 맛과 조리법이 다르다는 것부터 쓰고 난 물건들은 제자리에 가지런히 정리하며 살자는 것 까지 시시때때로 잔소리를 들어야했다.

내 나름은 책도 사서 읽고, 인터넷 자료도 찾아보고 주변 어른들께 여쭈어보며 살림도, 육아도 열심히 잘 해보려고 노력했지만 남편의 요구사항을 맞추기에는 턱없이 부족했다. 있는 그대로의 내가 좋다며, 나를 사랑한다며 결혼하자고 쫓아다닐 때는 언제고, 이제는 내가 무얼 해도 족족이 성에 안 찬다고 깐깐하게 구는 남편이 차츰 미워졌다. 정작 집안일이나 아이들 교육문제에 대해서는 무심한 채로 나에게 모두 맡겨두었으면서 말이다.

내가 한없이 작아지고 초라해지는 느낌이 들었다. 그런 생각이 들 때마다 나의 결혼만족도는 바닥을 쳤다. 꿈꾸던 삶을, 살고 싶은 삶을 사는 것이 아니고 '살아야 하니까 산다'는 느낌이 들기 시작했다.

부부사이 뿐만 아니라 인간관계, 건강, 돈 등은 살아가면서 누구나 겪게 되는 인생의 주요한 문제들이다. 이에 대해 힉스 부부는 '끌어당김의 법칙'을 바탕으로 아주 실제적이고 구체적인 해법을 제시하고 있다. 기분보다 더 중요한 것은 없다고 주장하는 그들은 『유쾌한 창조자』에서 이렇게 말하고 있다.

"자신의 기분이라는 감정 안내 시스템EGS, Emotional Guidance System을 이해할 필요가 있다. 자신이 어떤 순간에 품는 각각의 모든 생각들이 자신이 이루길 바라는 소망 쪽으로 더 가깝게 하는 것인지 아닌지를 기분을 통해서 명확히 알 수 있다."

신혼 초, 깐깐한 남편의 비위를 맞추기에 급급하다 보니 정작 나는 자유롭지도 행복하지도 않았다. 이러한 기분으로는 행복한 가정 만들기라는 나의 소망이 이루어지기 어렵겠다 싶었다.

남편은 내가 만들고픈 가정의 모습을 순수하게 이해하지 못하면서도 서로가 행복할 수 있는 방법을 찾으려는 생각은 하지 않았다. 그리고 무엇보다 늘 불만이 가득한 표정이었다.

결혼생활을 하는 것이 마치 깨진 독에 물을 붓는 것 같았고 날이 갈수록 지쳐가는 나 자신을 발견했다. 이해가 되지 않는 남편의 말과 행동으로 내 마음에는 상처가 생기기 시작했다. 그럴 때마다 일일이 부딪히는 것이 버거워서 참기도 하고 무시도 해보곤 했는데 기분은 영 나아지질 않았다.

나의 우울한 기분은 아이들에게까지 흘러갔고 급기야 스트레스를 푸는 상대가 아이들이 되는 경우가 종종 생겼다. 아이들의 천진한 얼굴을 볼 때에는 한없이 미안한 마음에 이 난관을 어찌 헤쳐 나가야 좋을지 고민하기 시작했다.

큰 아이를 낳고서 아이를 어떻게 다뤄야 할지 몰랐을 때, 좋은 부모보다는 좋은 사람이 먼저 되어야 한다는 것을 절실히 느꼈다. 그때 나의 내면을 유심히 들여다보기 시작했다. 그리고 엄마역할이 한결 수월해진 것을 느끼게 되었는데 혹시 우리 부부사이에도 깊이 들여다봐야 할 곳이 있는 것은 아닐까하는 생각이 들기 시작했다. 그리고 남편과 나 사이에서도 그 방법을 써보기로 했다.

관찰하기. 그이의 어떤 말과 행동에 내가 기분이 상하는지 들여다보기 시작했다. 어느 순간부터는 나 보다는 남편을 유심히 관찰하는 버릇이 생겼다. 그러다가 그의 몇 가지 특이한 행동패턴 및 습관을 발견하게 되었다.

그는 텔레비전을 무척이나 좋아했다. 항상 저녁 식사를 마치고 8시가 되면 텔레비전을 켜고 드라마 채널을 맞추었다. 그럴 때마다 '남자인데 드라마를 참 좋아하는구나' 싶었다. 궁금해서 물어보면 "꼭 내가 보려는 건 아니야. 오늘 방영하는 내용을 자기가 궁금해할까봐 틀어준거야"라고 말했다.

남편은 매일같이 텔레비전을 틀어놓고 넋을 잃고 시청하기 일쑤였다. 내가 저녁밥을 먹은 후에 하고 싶었던 건 따로 있었다. 과일 한 접시 깎아서 먹으며 마주보고 앉아서 하루 종일 있었던 이야기도 오순도순 나누고 부부간의 애틋함을 만끽하고 싶었는데 그의 생각은 나와 전혀 달랐다.

상처를 드러내는 일은 아프고 힘들다. 하지만 유일하게 상처를 내보이는 것을 허락하는 관계는 바로 가족이다.

그 당시 남편은 "거실에 텔레비전을 켜놔야 가족들이 모인다. 텔레비전을 틀어놓고도 대화는 얼마든지 가능하다"며 나로서는 이해하기 어려운 주장을 했다. 아이들이 태어나도 그의 텔레비전 사랑은 좀체 식을 줄을 몰랐다. 무조건 퇴근과 동시에 전원 버튼을 눌렀고 아이들과 놀아줄 때도 텔레비전은 늘 켜져 있어야 했다.

아이를 낳고나서 가족 간의 소통뿐 아니라 자녀교육을 위해서라도 집에서 텔레비전을 몰아내고 싶었다. 그도 안 되면 거실만이라도 텔레비전 없이 가족끼리 오붓하게 대화할 수 있는 공간으로 만들고 싶었다. 그런데 문제는 남편의 마음속에 떡하니 버티고 있는 텔레비전이었다. 처음에는 아예 없애자고 하자 남편이 크게 반발했다.

결국 방 한구석에 들여놓자고 합의를 보았는데 그 날 이후로 그가 유독 텔레비전에 집착하는 이유를 알고 싶었다. 아니, 파헤치고 싶었다. 보통 남편들은 모두 텔레비전을 좋아한다. 하지만 유독 어느 한 가지 물건에 집착하는 이유는 살아가면서 꼭 한 번쯤은 짚고 넘어갈 필요가 있다!

남편의 행동 중에 남자로서는 보기 드문, 유별난 습관도 있었다. 회사에서 저녁을 먹고 온 날인데도 주방에 가서는 전기밥솥 뚜껑을 열어서 속을 들여다보는 것이다. 배가 고프냐고 물으면 "아니. 그냥, 밥이 얼마나 남아 있나 확인해보려고…"하고 얼버무리는 그를 보며 의아해 한 적이 여러 번 있었다.

아무 판단 없이 들여다보기 시작한 남편에게서 새로운 모습을 많이 발견할 수 있었다. 한 해 두 해 같이 살면서 남편의 어린 시절에 대한 이야기를 듣게 되었는데 그 때, 남편에 대한 의문점들이 하나둘씩 풀리기 시작했다.

부모님께서는 생활고를 해결하기 위해서 늘 바쁘셨다고 했다. 학교에 다녀오면 반겨주는 사람 하나 없는 텅 빈 집에 들어서는 것이 남편은 제일 싫었다고 했다. 아무도 없는 집 안에서 단연코 아이의 가장 큰 걱정거리는 먹을 것이었을 터. 밥솥을 자주 들여다본 그의 행동이 이해가 되었다.

하나있는 남동생은 친구들과 어울려 놀러 나가면 자신은 거실에 누워서 텔레비전을 보는 것이 일상이었다고 했다. 함께 마주보며 이야기를 나눌 상대가 없었던 어린 남편에게는 유일하게 마주할 대상이 다름 아닌 텔레비전이었던 것이다.

부부는 서로에게…

최근에 SNS에서 읽은 글이에요. 결혼 년차가 더해질수록, '미운 정으로 산다'는 부부 사이에 대해서 한 번 더 생각하게 하는 글이더군요.

'배우자는 서로에게 젊어서는 연인이고, 더 나이 들어서는 친구이며, 더 늙어서는 서로에게 간호사가 된다.'

그 순간 내 눈에는 남편이, 으르렁대고 싸워 이겨야하는 상대가 아닌 보듬어줘야 하는 어린 영혼으로 보였다. 누구에게나 마음속에 상처가 있고 그 상처를 가진 채 어른이 된다. 하지만 상처 입은 영혼은 사랑이라는 치유제로 다시 건강해질 수 있다.

상처를 드러내는 일은 아프고 힘들다. 하지만 유일하게 상처를 내보이는 것을 허락하는 관계는 바로 가족이다. 가족 안에서 내면의 상처를 치유 받고 편히 쉴 수 있는 시간과 공간을 만드는 것. 그게 바로 소박한 나의 꿈이었다. 그리고 그 꿈은 남편과의 불통을 소통으로 바꿔주었다.

위대한 일을 할 수 있는 유일한 방법은 당신이 그 일을 사랑하는 것이다.

- 스티브 잡스 -

07
꿈은 내 인생의 '골든벨'

책을 쓰기로 마음을 먹고 컴퓨터 앞에 앉아있는 시간이 점점 늘어났다. 한동안 아무소리 없던 남편이 불현듯 내게 물었다.

"대체 무슨 내용을 쓰는 거야? 점점 궁금해지네."

평소 애들하고 같이 뒹굴고 놀기를 좋아라하는 아내였기에 애들 제쳐두고 혼자 앉아서 뭔가 골똘히 하고 있으니 궁금하긴 했던 모양이다. 어쩌면 책쓴다는 미명하에 컴퓨터를 붙들고 앉아있는 아내 덕분에 자신이 애들하고 놀아줘야하는 시간이 더 늘어날지도 모른다는 은근한 불안함에서 물었던지.

"이런저런 사는 얘기지 뭐. 내 이야기도 있고…, 참! 당신 얘기 많이 써도 되지?"

혹시나 자신에게 불리한 내용이라도 쓸까봐 걱정하며 나를 막아설 줄 알았다. 그런데 그의 반응은 예상 외였다. 뭐든 사실대로, 그동안 우리부부가 살아온 이야기를 솔직하게 다 써도 좋다고 했다. 급기야 책 속에서 자신이 나쁜 남자 아니, 못된 남편으로 나와도 개의치 않겠단다. 아내인 내가 그렇게 느꼈다면 그게 정답이라고 하면서. 그리고는 한 마디를 덧붙이고 아이들에게로 갔다.

"지금은 행복하니까 된 거지 뭐. 우리 그간 서로 많이 변했잖아."

남편의 말을 듣고 있자니 지난날의 결혼생활이 주마등처럼 스쳐지나갔다.

'변했다……'

남편의 마지막 한마디가 내 가슴 속에 깊이 파고들었다. 아마 우리 부부가 십 년 전의 모습 그대로 지금까지 살고 있었다면 아마도 하루 온종일 말도 섞지 않는 냉랭한 부부사이가 되어있을지도 모른다. 서로에 대해서 '포기' '희생' 등을 운운하면서, 가정생활에서 자신의 욕심대로 따라주지 않는 배우자의 비협조적인 모습에 지적과 비판을 일삼으며 하루하루를 지뢰를 품고 사는 심정으로 보내고 있을 지도 모른다.

그런 엄마 아빠 사이에서 아이들은 내내 눈치를 보느라 숨을 죽이며 지냈을 것이다. 또한 부모가 원하는 삶을 살기 위해서 아이들은 착한아이를 목표로 생활하고 있었을거다또는 오히려 그와 정반대의 모습일지도. 마치 어린 시절에 상처입고 자란 우리세대들이 그러했듯이….

흔히, 사람은 쉽게 변하지 않는다고 한다. 하지만 부부는 결혼 전의 모습과 비교해서 어느 정도는 적절히 변해야 한다. 부부에서 부모가 되면 한 번 더 변해야 한다. 나는 그 '변화'를 '성장'이라고 이름 붙이고 싶다. 부부는 결혼과 육아라는 전환점을 돌며 서로의 성장을 위해 함께 나아가는 영혼의 동반자와도 같다.

요즘 '쇼윈도 부부'라는 말을 자주 듣게 된다. 화려하고 깔끔하게 상품을 진열해 놓은 백화점이나 상점의 쇼윈도를 떠올리게 하는 표현이다. 실제로는 원만한 결혼생활을 하고 있지 못하지만 마치 행복한 결혼생활을 하는 것처럼 가장하는 부부를 가리키는 말이다. 사회적 지위와 체면을 지키기 위해서 주변의 시선을 의식하며 공개적인 곳에서는 행복한 부부인 것처럼 행세를 한다. 그렇지만 개인적인 대화나 부부관계, 서로에 대한 존중과 애정은 전혀 없다.

『30대 여성, 자신의 인생을 설계하라』의 저자 시모쥬 아키코는 그러한 부부를 일컬어 '가정 내 이혼'이라는 표현을 쓰고 있다. 한 가정에 함께 있지만 마음은 별거 중이라는 뜻으로 외부에서 보기에는 가정의 형태를 유지하고 있지만 실질적으로는 마음도 몸도 이혼상태의 부부다.

그렇게나마 가정의 모양새를 유지하고 있는 것은 자녀의 존재 때문인데 자녀가 대학에 들어간 뒤 진짜로 갈라서게 되는 부부들이 늘면서 '황혼이혼'이라는 새로운 사회적 기현상을 낳게 된 것이다.

평범한 부부들 중에도 실제로는 별거와 다름없는 생활을 하고 있는 사람들이 많다. 사이가 좋았던 부부라 하더라도 자녀 출산을 계기로 사이가 멀어지게 되는 경우도 있다.

아내의 옆자리를 아이들이 꿰차고 들어오면서 남편은 물리적인 거

아내의 옆자리를 아이들이 꿰차고 들어오면서 남편은 물리적인 거리
뿐만 아니라, 심리적인 거리까지 멀어진 느낌을 받는다.

리뿐만 아니라, 심리적인 거리까지 멀어진 느낌을 받는다. 소외감을
느낀 마음을 맥주 한 두 캔으로 달래다 잠을 청하거나 텔레비전과 스
마트폰 및 컴퓨터 게임 등으로 위로하는 아빠들도 많이 있다.

그러는 와중에 아이들은 커간다. 자녀교육을 잘 해야 한다는 사회
적 분위기는 엄마에게 과중한 부담을 지우게 되고 그럴수록 아내는
가정의 분위기를 주도하며 대부분의 일을 떠맡게 된다. 그러다보면
아내는 아내대로 힘들고, 남편은 생활의 초점이 온통 아이들에게만
맞춰진 가족관계 속에서 소외감을 느끼기 마련이다. 어느 가정에서
나 이런 모습은 흔히 볼 수 있다.

아이를 잘 키워보겠다는 엄마의 목표는 곧 부모의 목표나 마찬가
지다. 이러한 엄마의 결정은 가정의 분위기와 관계를 좌지우지 할
수 있는 큰 영향력을 행사한다. 각 가정에서 이런 현상들이 공통적
으로 나타나는 것을 보면, 엄마는 집 안에서 막강한 영향력을 행사
하는 존재임이 분명하다. 그런데 정작 엄마 본인은 잘 모르고 있는
경우가 많다.

엄마에게 큰 힘과 영향력이 있다는 것은 부부사이의 주도권 문제
를 이야기하는 것이 아니다. 일단 여자가 엄마가 되고 나서부터 나
타나게 되는 이러한 현상은 가정을 이끌고 나아가는 데에 중추적인

역할을 엄마가 맡고 있다는 것을 뜻한다. 엄마는 가족 안에서 존재 자체만으로도 가치가 있는 사람이다.

신문기사에서 평범한 한 가정주부가 시인이 된 내용을 읽은 적이 있다.중앙일보 2015. 6. 24.

평생 가정주부로 살아온 이 여성은 예순이 넘어 부산방송통신대 국문학과에 입학해 시를 쓰기 시작했다. 그리고 예순여덟의 나이에 등단을 했다. 올해로 일흔 셋이 된 시조시인이자 영화『극비수사』를 감독한 곽경택의 어머니다. 기사 말미에 곽감독이 어머니의 작품에 대해서 남긴 몇 마디가, 아이를 키우는 엄마인 나에게 신선한 자극을 주었다.

"그녀의 시는 가정주부답게 전부 가족들 얘기다. 세상을 보는 대단한 시각이나 철학이 있는 것은 아니지만, 작은 가족사를 바라보는 눈 속에 우주가 느껴질 정도의 큰 깨달음이 있다."

늦은 나이에도 불구하고 시인이라는 새로운 꿈을 찾아 도전한 곽감독의 어머니가 참으로 멋진 엄마라고 느껴졌다. 그와 동시에 어머니의 시에서, "우주가 느껴질 정도의 큰 깨달음을 느꼈다"라고 표현한 아들을 보며, 꿈을 향한 엄마의 도전과 성장이 자녀에게 큰 울림이 될 수 있다는 것을 새삼 알게 되었다. 엄마의 사소하고 작은 몸짓이라도 가족 안에서는 깊고 넓은 울림을 낼 수 있다. 엄마의 꿈은 그래서 더욱 소중하다.

엄마는 가족 구성원 모두에게 영향을 미칠 뿐만 아니라, 자녀들이 독립된 인격체로서 성장한 후에도 세상과 연결될 수 있도록 고리가 되는 중요한 역할을 하고 있다.

2015년 7월 21일부터 인성교육진흥법이 시행되었다. 우리는 '인성'이 무엇인가에 대해서는 잘 알고 있으면서도 누군가를 가르치기 위해서 콕 집어서 이야기 하라고 하면 어려움을 느낀다. 인성교육을 위해서 무엇을 어떻게 가르칠 것인지에 대해서는 아직도 각계각층의 의견들이 분분하다. 하지만 이 한 가지 사실은 꼭 기억해야 한다. '아이는 부모의 뒷모습을 보며 자란다.'

인성교육, 진로교육 등의 후세대를 키워내기 위한 각가지 교육내용 앞에서 엄마는 스스로로 당당해져야 할 필요가 있다. 끊임없이

엄마 잠깐!!

'자녀양육 전문가'는 바로 '엄마'

미국의 소아과 의사이자 저명한 아동심리학자인 벤자민 스포크 박사가 세상을 떠나는 순간 세상의 엄마들을 향해 다음과 같은 유언을 남겼다고 해요.
"자녀양육에 왕도는 없습니다. 바로 엄마 자신이 자녀양육의 전문가입니다. 엄마 자신의 타고난 감각을 믿으십시오. 그리고 소신껏 키우십시오."
엄마로서 나의 소신(所信)에 대해서 생각해 보게 되네요. 과연 내가 굳게 믿고 있는 바, 생각하는 바는 무엇인가요? 엄마가 쫓고 있는 그 무언가가 아이들의 자녀교육까지 영향을 미치게 되네요.
엄마의 꿈이 아이에게까지 영향을 준다는 것, 기억해 두어야겠어요.

성장하는 엄마 꿈이 있는 여자

자신을 들여다보고 스스로의 성장과 발전을 위해서 노력하는 엄마는 부부를 성장하게 하고 가정을 변화시키고 나아가 사회를 변화시킬 수 있다.

그래서 엄마는 꿈을 가져야 한다. 그것이 반드시 거창하고 원대한 포부일 필요는 없다. 엄마의 꿈이 시작되는 출발점이 가정이라고 해서 기죽을 필요도 없다. 엄마의 꿈은 엄마 혼자의 꿈으로 끝나지 않기에 가족 안에서 깊고 넓은 울림이 있기에, 그래서 더욱 소중하다.

빛의 가장자리에서 미지의 어둠 속으로 발을 내디디려 할 때,
믿음이란 그 어둠 속에 발을 디딜 탄탄한 뭔가가 있거나
아니면 날 수 있게 될 것이라고 생각하는 것이다.

— 엘리자베스 퀴블러 로스 —

08
'미래의 나'를 결정하는 건
'현재의 꿈'

세 번씩이나 결혼에 실패한 여자가 있었다. 보통 이렇게 되면 또다시 결혼을 꿈꾸기는 쉽지가 않다. 그런데 그녀는 왜 실패를 하게 되었는지를 분석한 뒤에 네 번째에는 행복한 결혼을 하게 되었다.

조셉 머피가 쓴 『잠재의식의 힘』에 보면 수동적이었던 세 남편들과 결혼했던 실라라는 여자가 온다. 그녀는 자기가 처한 모든 상황을 지배하려는 욕구가 강하고 대단히 독선적인 사람이었다. 한편으로 그녀는 자신에게 지배적인 역할을 맡겨줄 수 있는 수동적이고 복종적인 배우자를 원하고 있었다.

잠재의식에서는 수동적이고 자신의 말에 순종하는 남성을 바라면서, 의식하는 마음에서는 자신을 이끌어줄 남자다운 남자를 원했다. 한 사람이면서 두 개의 다른 측면을 가진 의식의 모순에서는 항상 잠재의식이 이기게 됨으로 그동안 그녀는 모두 수동적이었던 세 남자들과 만나서 결혼하게 된 것이다.

십 년 넘게 결혼생활을 하면서 나의 마음도 두 가지였다. 한편으로는 아내를 사랑해주는 따뜻한 남자, 내가 기댈 수 있는 넓은 가슴을 가진 진취적인 남자를 원했다. 하지만 다른 한편으로는 나를 무조건적으로 지지하고 응원해주는 수동적인 배우자를 원한 것도 사실이었다.

내 마음에 드는 행동과 말을 해주면 남편이 가깝게 느껴졌다가도 냉랭한 말투와 배려심 없는 행동을 할 때는 그를 멀리하고 미워했다. 그런데 이렇게 느끼는 내 마음 속의 판단기준이 무엇인지를 알고자 마음을 찬찬히 들여다보기 시작했다. 그래야 행복한 가정을 이뤄내는 토대가 만들어 질 것 같았다.

이 때부터는 양육서보다 내면심리 관련서적이나 부부사이에 대한 책을 주로 찾아서 읽기 시작했다. 내 마음공부가 우선이 되어야겠기에 남편과의 전면전은 되도록 피했다. 왜 똑같은 상대를 두고 내 마음이 천국과 지옥을 오가는 것인지, 나를 알아가기 시작했다.

결혼을 결심한 순간부터 나에게는 꿈꾸는 미래가 있었다. 군이 꿈이라고까지 말할 만큼 거창하지는 않지만 내게는 가장 절실했고 소중한 바람이었다. 행복한 가정을 꾸리는 것, 그 가정 안에서 맡은 일을 기꺼이 즐거운 마음으로 해내는 엄마, 사랑받는 아내, 그것이 꿈꾸던 이상적인 나의 미래였다. 그와 동시에 사회생활에서도 성공적인 여자로 인정받고 싶었다.

미혼이었을 때 직장생활을 막 시작한 몇 년간은 승진에 대한 욕심이 있었다. 아버지 형제 중에 두 분이나 교직에 계셨는데 친정 부모님께서는 일단 직장생활을 하게 된 이상, 최고의 자리에까지 한 번 올라가 보는 것이 어떻겠냐고 권하셨고 나도 호기심이 있었다. 그런데 아이를 낳고 엄마가 된 후 마음이 조금씩 변하기 시작했다. 어느 날엔가는 함께 근무하던 여자 교감 선생님이 진심어린 조언을 해주셨는데 그때 나의 커리어와 인생에 대해서 깊은 고민을 했었다.

"나는 이 자리에 오기까지 살아오면서 가장 후회되는 게 있어요. 바로 내 아이가 언제 뒤집기를 했는지도, 걷기 시작했는지도 모른다는 거예요. 직장인으로는 성공한 인생일지 몰라도 엄마로서는 실패한 인생이죠. 나는 후자로 인해서 평생 속죄하는 기분으로 살아야 할 것 같아요."

말씀을 마무리 하시면서 인생에서도, 엄마경력에서도 한참 후배인 내게 당부를 하셨다.

"엄마가 되면 두 마리의 토끼를 다 잡아야 할 것 같은 생각에 사로잡힐 때가 있을 거예요. 그럴 때는 반드시 인생을 길게 보고 마음이 시키는 대로 따르는 것이 옳아요."

길고 자세한 말씀은 하지 않으셨지만 의미심장했던 교감선생님의 말씀은, 후에 내가 육아와 직장생활 사이에서 갈등하는 상황에 처할 때마다 명확한 결단을 내릴 수 있는 기준이 되었다.

그래서 지금 경단녀를 자처하고 외벌이를 감수하며 집에 있다. 이런 나의 생각을 듣고서 혹자는 이렇게 생각할 수도 있겠다. 어쩜 젊은 사람이 시도 조차해보지도 않고 지레 겁을 먹고 포기했냐고 말이다. 직장에서 승진을 거듭하며 집안일까지 최고로 해내는 원더우먼 직장인으로는 성공한 인생일지 몰라도 엄마로서는 실패한 인생이죠. 나는 후자로 인해서 평생 속죄하는 기분으로 살아야 할 것 같아요.

들이 얼마나 많은지 모르냐고, 인생을 좀 더 치열하게 살라고 조언을 해주고 싶을 수도 있겠다.

하지만 두 마리 토끼를 잡는 것은 그리 쉬운 일이 아니다. 상대적으로 잘 못하고 있는 것에 대해 늘 죄책감이 몰려온다. 그게 혹시라도 아이와 관련이 있다면 엄마들의 마음은 한없이 무거워진다.

세상 거의 모든 엄마들은 직장과 가정, 이 두 마리의 토끼를 잡는다는 것이 얼마나 힘든지 알고 있다. 한 마리를 쫓아가느라 놓친 다른 한 마리가 얼마나 소중했는지는 여생을 보내면서 뒤늦게 깨닫기도 한다.

나는 비록 승진의 욕심은 접었지만 그 덕분에 엄마로, 엄마선생님으로 새로운 꿈을 꿀 수 있었고 내 안의 무한한 가능성을 발견할 수 있었다. 엄마마음으로 바깥세상을 바라보자 모든 것이 예전과 달라 보였다. 신선한 경험이었다.

엄마가 되고나서 마주한 학생들은 가르쳐야 하고 이끌어야 할 대상이 더 이상 아니었다. 어른으로서 내가 먼저 그들을 이해하고 공감하며 기다려주어야 하는 내일의 희망들이었다. 내 아이의 걸음마를 가슴 졸이며 곁에서 지켜보고 기다려주었듯이 말이다.

나뿐만 아니라 아이를 낳고나자 학생들이 예전에 비해 달리 보인다는 엄마선생님들이 많이 있다. 지인 선생님 한 분은, "내가 그랬듯이, 다른 엄마들도 뱃속에서 열 달을 품어서 이 세상에 아이들을 내놓았을 거잖아. 그게 우리반 아이들이라고 생각하니 가슴이 뭉클해"라고 말했다.

엄마가 되고나서 눈물이 많아졌다는 사람들도 심심찮게 만날 수가 있다. '감수성이 예민해졌다'는 단순한 표현보다는 뭔가 인생을 이해하는 깊이와 폭이 넓어진 미묘한 경험이라고 할 수 있다. 이렇듯 다양한 측면에서 엄마로 새로워진 여자는 세상과 다시 긴밀하게 연결되는 느낌을 받는다.

유모차를 끌고 각종 시위 및 사회활동에 참가하는 엄마들을 매체에서 자주 접하게 된다. 엄마가 되고 '사회적 공감'과 '자아 확장 능력'이 더욱 커진 것인데 여자들이 바깥세상과 맺게 된 새롭고 긴밀한 연결의 표식 중 하나다.

국가적으로는 경단녀라는 표현이 널리 쓰이며 엄마가 된 여자들에게 동정어린 시선을 보내는 요즘이다. 특히 출산과 양육으로 인해 어쩔 수 없이 집으로 돌아간 직장녀에 대해서는 더욱더 안쓰러운 눈길을 보낸다. 얼른 그 곳을 벗어나게 도와주겠다는 사회적인 움직임도 일어나고 있다.

하지만 최근 들어서는 차츰 새로운 시도가 느껴지기도 한다. 얼마 전 JTBC의 『비정상회담』이라는 프로그램에 출연자인 다니엘이 쓴 칼럼을 읽었다. '경단녀'를 '나미살녀 나라의 미래를 살린 여성'으로 부르자는 말을 제안하고 있었다. 나라의 미래인 아이들을 키우고 돌보는 역할을 하는 여자들이니 따뜻한 시선과 대우를 받아야 한다는 뜻이었다.

거기에다 '주부경력여성' '새일맘새로 일을 기다리는 엄마' 등으로 긍정적인 신조어들도 속속 등장하고 있다. 스피치 강사로 유명한 김미경의 『꿈이 있는 아내는 늙지 않는다』에는 '경력이동여성'이라는 표현도 쓰여 있다. 여자의 경력은 장소와 환경의 차이만 있을 뿐 지속적으로 집과 일터를 오가기 때문이라는 것이다.

이런 사회적 현상들과 다양한 호칭들을 듣고 있노라면 나의 가치를 매길 때 굳이 사회가 부여한 기준에 집착할 필요는 없겠다 싶다. 타인의 시선은 언제든지 바뀌기 마련이다. 직장에 있건, 집에 있건 나의 가치는 내가 매기는 것이다.

내가 세상에서 특정한 호칭으로 불리고 싶다면 그 새로운 이름은 내가 만들어야 한다. 세상이 만들어 놓은 호칭을 가져다가 나를 부르다보면 가능성이 가득한 내 삶을 사회의 잣대로 재단하게 되는 경우가 생기기 때문이다.

어떠한 상황에서도 나의 미래는 지금의 내 꿈과 인생목표를 기점으로 만들어 가야한다.

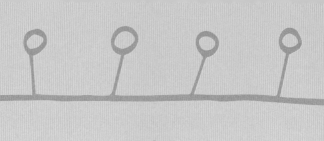

4장

여자의 30대가
중요한 이유

⋮

오늘은 힘들고 내일은 더 힘들 수도 있지만 모레는 좋은 날이 올 것이다.

그런데 사람들 대부분이 내일 죽어버리는 바람에 모레의 태양을 보지 못한다.

– 마윈 –

01
서른, 독하게
다시 시작해야 하는 나이

엄마는 항상 바쁘다. 내 어린 시절의 엄마도 그랬고, 엄마가 된 나도 똑같이 바쁘게 살고 있다. 어제도 그랬고 오늘도 그러니 내일도 그럴 것은 불 보듯 뻔하다. 대체 무엇을 위해 이렇게 아등바등하며 살아가고 있는 걸까?

시간에 쫓기듯 매순간은 치열하게 산 것 같다. 그런데 막상 손에 쥐어지는 큼직하고 멋진 보상은 없는 것 같은 허무함이 몰려온다. 여자 나이 서른 즈음이 꼭 그런 시기다.

오직 이력서 한 줄어 써넣을 'ㅇㅇ대학교 졸'을 위해서 10대를 뭉뚱그려 써버렸다. 가까스로 입시지옥에서 탈출했나 싶었더니 20대에는 취업전쟁, 스펙전쟁이 기다리고 있었다. 그 힘든 관문 앞에서 결혼 또는 비혼非婚이라는 두 가지 선택지를 받아든 여자는 어떤 인생을 살던지 커다란 전환점을 맞이하게 된다.

주부이던지 직장인이던지 새로운 역할을 맡게 되었을 것이고 머물러 있는 청춘인 줄 알았던 그녀들은 어느덧 서른 즈음에 있게 될 것이다.

나는 어렸을 적엔 하루 빨리 어른이 되고 싶었다. 어른이 되면 뭐든 내 마음대로 할 수 있을 줄 알았기 때문이다. 어른이 되면 동화 속 결말처럼 '오래오래 행복하게 잘 살았답니다'의 주인공이 내가 될 줄 알았다. 하지만 막상 어른이 되고 결혼을 해서 살아보니 동화 속 백마 탄 왕자님인줄 알았던 내 님은 텔레비전 리모컨을 움켜쥔 '하숙생'이, 우아한 왕비가 될 줄 알았던 공주는 매 식사때마다 밥을 차려내는 '밥순이'가 되는 것은 순식간이었다. 인생에서나 영화에서나 기가 막힌 반전은 늘 우리를 곤란하게 한다.

지인 중에 직장을 다니다가 아이가 둘이 되자 휴직을 하고 2년 째 집에 있는 S가 있다. 스무 살 적에 그 친구는, "나는 빨리 아줌마가 되고 싶어"라고 했다.

이유인 즉은, 애를 낳고 아줌마가 되면 스무 살에 느꼈던 모종의 불안정안 느낌을 벗어날 수 있을 것이란 기대 때문이었다. 부모의 간섭이나 사회생활 초년생으로 이 눈치, 저 눈치 안 보며 자기만의 생활을 구축하고 편안하게 살 수 있다고 생각한 모양이었다. 그런데 30대 후반에 들어서자 S는, "싱글일 때가 좋았어. 이게 사람 사는 게 아니야"라는 말을 입에 달고 지낸다.

그녀는 30대 중반을 넘어서 반쪽을 만났다. 친정식구들의 반대에도 불구하고 자신이 데리고 살 남자이니 남은 인생을 스스로가 책임지겠면서 그렇게 아줌마가 되었다. 현재 여섯 살이 되는 아들과 두 살 된 딸을 낳아서 키우고 있는데 곧 다가올 마흔을 앞두고 몸보다는 마음이 더 많이 힘들다고 했다.

오랜 기간 서로가 미혼이었다가 결혼을 해서인지 남편과의 생활 방식 및 가치관 차이가 많이 난다고 했다. 내 한 몸 건사하기도 힘든데, 집안일이며 아이 돌보는 것도 모두 자신의 차지가 되었다고 하면서 결혼 만족도가 현저히 떨어진다고 했다. 급기야 부모님의 말씀을 거스르고 결혼해서 벌을 받고 있는 건 아닌가하며 눈물을 흘린 적도 있었다. 지금은 오로지 아이들의 재롱과 커가는 모습을 보며 힘든 하루의 위안을 삼는다고 한다.

힘없이 축 처진 어깨로 말하는 친구를 보고 있자니 정말 안쓰러웠다. 결혼 전에 그녀는 취미생활도 많이 하고 해외여행이며 자신의 삶에서 즐거움을 찾을 줄 아는 생기발랄한 여자였다. 그런데 결혼과 출산 그리고 육아를 거치면서 나날이 피폐해져가고 있었다.

여자의 일생에서 출산과 양육은 인생에 있어서 큰 전환점이 된다. 어느 순간부터는 내가 주인공이 되어서 인생을 사는 게 아니라, 내 앞으로 주어진 역할, 해야 하는 일에 떠밀려서 허둥대느라 시간이 지나가는 줄도 모르게 된다. 심할 경우, 인생살이가 내 맘대로 안 된다는 무기력감도 엄습해오는 데 이 때는 모든 것을 놓아버리고 도망가고 싶어지기도 한다.

마음의 감기, 주부우울증 등이 먼 나라 얘기가 아니다. "남들은 다 잘 사는 것 같아 보이고, 다른 집 애들은 다 잘 크는 것 같아 보여" 하던 친구의 말이 계속 귓가에 맴돈다.

『드림온』에서 김미경은, "한국에서는 30대에 방황하는 것이 너무 당연하다"고 말한다. 10~20대 때 풀어야 할 숙제인 '나에 대한 성찰'을 하지 못했기 때문이라는 것이다. 그래서 자신에 대해 관심을 갖고 탐구하기를 시작하라고 한다. 이를 위해 시간과 에너지를 투자하고 목적을 가진 의식적인 노력이 필요하다는 것을 강조하고 있다.

청춘만 흔들리는 게 아니다. 서른의 아줌마도 흔들린다. 하지만 아플 수도 없는 서른이다. 이제 막 걷기 시작한 아이는 엄마만 바라보고 있기 때문이다.

모종의 기대감으로 기다리고 있던 서른이 되었음에도 불안하고 아프기는 마찬가지이다. 더 두려운 현실은, 바로 서른부터 정신을 똑바로 차리지 않으면 다가올 중년도 지금의 모습과 별반 다르지 않을 거라는 불안함이다.

여러 관계 속에서 자신을 잃어 가고 있는 여성들의 문제는 수년간 되풀이 되어왔다고 주장하는 사람이 있다. 비벌리 엔젤은 『여성들의 아주 특별한 지혜』에서 '진정한 자아 만나기'에 대해서 다음과 같이 언급했다.

'여성들이 자신을 잃어버리는 과정이 있다. 다른 사람들이 기대하는 여성이 되고자 끊임없이 노력하는 이들에게서 이러한 성향을 볼 수 있다. 타인의 말과 행동에 온 생활을 바치기 때문에 자신의 참모습과 진정한 동기를 발견하는 일에 충분한 관심을 쏟지 않는다.

한편, 자신이 아닌 다른 누군가가 되려고 몇 해를 애쓰다가 길을 잃고 마는 여성들도 있다. 이들은 다른 사람들이 사랑하는 인물이

되고자 자신의 정체성마저 내팽개치는 경우가 생긴다.'

그녀는 이러한 모습을 '자아상실에 빠진 여성Disappearing Women'이라고 지적하면서 여성들이 진정한 자아를 만나기 위해서는 자신을 존중하고 외톨이가 됨까지도 존중하라고 한다. 또한 내실 있는 변화를 목적으로 보다 장기적인 대책과 방법을 찾으라고 권하고 있다.

나는 이십대 중반에 결혼을 하고 출산과 육아를 하면서 30대를 훌쩍 떠나보냈다. 나라는 사람이 어떤 사람인지 확실히 알기도 전에, '아내'라는 자리에 앉았고, '엄마'라는 역할을 부여받았다. 물론, 스스로의 선택이었고 후회는 없지만

그러나 10~20대를 지나오면서 풀어야했던 숙제를 풀지 못하고 서른이 되자 내 안에는 나의 목소리보다 타인의 목소리가 가득했다. 나다움을 미뤄 놓다보니 '되고 싶은 나'보다는 '되어야 하는 나'가 인생 우선순위에 떡하니 올라와 있었다. 남편이 원하는 아내, 아이들에게 좋은 엄마 되기에 힘을 쏟다보니 정작 나라는 사람은 내 안에서 잊히고 없었다.

나조차 자신을 챙겨주고 사랑해주지 않으면서 남편이, 아이들이 내 마음을 몰라준다고 투덜댔다. 그리고 날 좀 더 많이 사랑해주고 위로해주지하며 떼를 썼다. 불만 가득한 마음으로 하루하루를 살아가다보니 남편의 모든 행실들이 마음에 들지 않아서 자주 부딪히게 되었고 아이들도 내 마음대로 커주지 않는 듯했다.

내가 진정 원하는 것이 무엇인지 모른 채 가족들이 원하고 기대하는 삶을 사는 것은 흡사 '깨진 독에 물 붓기'와 같다. 남편이 만족스

성장하는 엄마 곁이 있는 여자

청춘만 흔들리는 게 아니다. 서른의 아줌마도 흔들린다. 하지만 아플 수도 없는 서른이다. 이제 막 걷기 시작한 아이는 엄마만 바라보고 있기 때문이다.

러워하는 완벽한 아내, 배려깊은 사랑을 듬뿍 퍼주고 아이들까지 잘 키워내는 만능 엄마는 죽었다 깨어나도 될 수가 없다. 반대로 남편과 아이도 나의 바람을 완벽하게 채워주지는 못하지 않은가!

내 인생의 방향키를 남에게 맡겨두고 원치 않는 방향으로 자꾸만 나아간다고 투덜대며 살아온 나를 반성했다. 그래서 나는 지나온 30대의 방황이 이제는 고마울 정도다. 이제부터는 정신을 차리고 제대로 된 내 삶을 살 수 있겠구나 싶다.

"당신을 만나서 내가 이 모양 이 꼴로 산다."

"너희들 낳고 키우느라 엄마가 이렇게 늙어버렸다."

간혹 가다 주변에서 듣게 되는 말이다. 텔레비전 속 드라마에서나 또는 연세 드신 어머님들께서 하실법한 표현들이기도 하다. 그런데 혹시 지금의 내가 내뱉고 있는 것은 아닌지 생각해 볼 필요가 있다. 제 아무리 억울한 심정으로 크게 소리쳐도 이런 말에 되돌아오는 답은 보통 아래와 같기 때문이다.

"누가 그렇게 살라고 했나 뭘…"

뜬금없게 들리겠지만, 나는 이 책을 읽고 있는 당신의 나이가 서른 즈음이었으면 한다. 어쩌면 서류상의 서른이 아니라 해도, 당신의 영혼의 나이가 서른 즈음에 있었으면 한다. 그런 당신을 미리 축하하고 싶어서다.

방황하고 있다면 당신은 건강한 것이다. 보다 나은 상황을 만들어가려는 몸부림이기 때문이다. 나는 당신이 서른의 끄트머리에 다다르기 전에 아래의 글귀를 가슴에 새겨보길 진심으로 바란다.

'한 평생을 살아도 그 끝에 가서야 깨닫게 되는 건, 자기가 알고 있다는 게 바로 자신이 아니라 정작 타인이라는 사실이다.' 베릴 마크햄

당신은 30대에 멋질 수도 있고, 40대에 매력적일 수도 있고, 여생 동안에는 거부할 수 없을 만큼 매혹적일 수도 있다.

- 코코 샤넬 -

30대 여자의 당면과제

여자 나이가 서른 즈음 되면, 인생 당면과제가 몇 가지 키워드들로 고리를 엮어 따라다닌다. 가장 먼저 부딪히는 커다란 관문, 결혼이다. 결혼을 했으면 출산이, 출산을 했으면 자녀양육이, 아이를 키우게 되면서부터는 직장생활과 집안일의 병행이 꼬리를 물고 따라다닌다. 일단 결혼을 결심한 순간부터 여자의 일상과 일생이 이러한 사슬에 송두리째 묶여 옴짝달싹 못하게 되는 경우가 흔하다.

몇 년 전부터 '3포 세대'라는 신조어가 생기면서 가여운 20~30대 청춘들에 관한 기사가 연일 뉴스헤드라인에 올랐다. 이는 취업난, 불안정한 일자리, 천정부지로 치솟는 집값, 물가 상승에 따른 생활비용 지출 등의 사회적 압박으로 인해 연애와 결혼, 출산이라는 세 가지를 포기한 청년층 세대를 말한다.

거기에다 4포 세대에는 인간관계가, 5포 세대에는 내 집 마련까지 하나씩 추가되어 신조어로 등장하고 있다. 당면한 인생과제를 하나 대한민국에서 여자들이 한 남자의 아내로, 엄마로, 며느리로, 거기에 직장인으로까지 다양한 역할을 맡아서 살아내다 보면 미치고 팔짝 뛰는 순간이 꽤나 자주 찾아온다.

라도 줄여보려는 뼈아픈 몸부림에서 '~포 세대'가 나오게 되지 않았나 싶다.

그런 점에서 보면, 나는 지금까지 겁도 없이 살았던 모양이다. 인생 과업 중 어떤 것도 포기하지 않았으니 말이다. 특별한 의도나 삶에 대한 또렷한 계획이 있어서는 결코 아니었다. 다만 내 인생 전반에 대해 선명하게 큰 그림을 그려놓지 않았기에 생각대로 살지 못하고 사는 대로 생각하다보니 그리 된 것 같다.

나를 사랑해주는 남자가 생겨서 결혼을 했고 아이를 낳았다. 다른 사람들도 다 그렇게 사니까 나 역시 보통사람들 살듯이 인생 궤적을 따라 온 것뿐이었다. 세상의 잣대로 보기에는 안정적인 직업, 결혼, 자녀에 내 집장만까지 나는 세 가지 모두 포기를 하지 않은 꽤 괜찮은 인생의 주인공처럼 보였다.

하지만 남편과 지지고 볶기를 몇 년, 아이를 키우며 좌충우돌을 하는 동안 마음은 공허해지기 시작했고 가족들에 대한 서운함이 몰려왔다. 초기에는 남편에게, 그 후에는 양가부모님에게로 서운함의 대상이 차츰 옮아가는 듯 했다. 막판에는 아이들에게로까지.

하지만 머지않아 그러한 감정의 화살표가, 다른 누구도 아닌 나 자신을 향하고 있었다는 것을 알게 되었다. 그 이유는 내 인생에서 가장 중요한 한 가지를 포기한 채로 살고 있었기 때문이다. 세상 그 무엇과도 바꿀 수 없는 가장 중요한 '나' 말이다.

아줌마가 되고나서 나는 '1포 세대'를 자청하고 있었다. 좋은 아내, 좋은 엄마, 좋은 선생님처럼 '무엇이 되자!'는 생각은 많이 했지만 정작 내 이름 석 자를 걸고 '어떻게 살아가자!'는 생각은 구체적으로 하지 못했다.

대한민국에서 여자들이 한 남자의 아내로, 엄마로, 며느리로, 거기에 직장인으로까지 다양한 역할을 맡아서 살아내다 보면 미치고 팔짝 뛰는 순간이 꽤나 자주 찾아온다. 그럴 때는 제일 손쉽게 할 수 있는 것이 나를 챙기는 일을 차등순위로 밀어내는 것이다. 하다못해 식사 시간 밥공기에 밥을 뜨더라도, 남편 밥, 아이 밥, 맨 마지막 그릇이 내 밥이다. 그것도 전 날 해두었던 말라붙은 밥으로 골라서 떠낸다.

일상생활 속에서 모든 일이 순조롭게 풀릴 때는 이 사실을 전혀 눈치 채지 못한다. 그러다가 갑작스레 집안일부터 직장 일까지 어느 것 하나 내 마음대로 되는 일이 없다는 생각이 들 때 뼈저리게 서운함 밀려온다. 엉망진창으로 구겨 박아놓은 내 마음이 관심 받고 싶다고, 사랑받고 싶다고 보내오는 처절한 구조신호다.

이 넓은 세상에 내 편 하나 없다는 외롭고 서운한 느낌은, 지금 당신이 인생의 전환점에 다다랐음을 알려주는 방향지시등과 같다. 이때 당신이 맞닥뜨리게 되는 불편한 진실 한 가지는, 바로 나조차 내

편이 아니었다는 사실이다!

사정이 이렇게 되면 불현듯 나는 내 뜻대로 살아온 것이 아닌, 누군가에 의해서 조정당하는 삶을 살고 떠밀려 왔다는 생각이 든다. 늦었지만 이제라도 내 인생의 운전대를 내가 직접 잡고 방향을 바꿀 것인가 그렇지 않을 것인가는 온전히 나에게 달려있음을 깨달아야 하는 시점이다.

『당신의 삶은 누가 통제 하는가』에서 윌리엄 글라써는 우리가 어떻게 느끼든지 간에 상관없이 항상 자신의 행동을 자신이 통제할 수 있다는 사실을 강조한다. 자신의 생활에 대해서 통제력을 회복하고자 하는 사람이라면 누구나 스스로에게 물어보아야 하는 질문이 있다.

결혼생활에 시련을 겪은 수잔이라는 여자가 있었다. 그녀는 남편에게서 사랑과 관심을 더 얻으려고 필사적인 노력을 했다. 한바탕 화를 낼 때 이외에는 거의 침울해하는 등이 바로 그것이었다. 그러다가 그녀는 어느 순간부터 자신이 습관적으로 고통을 선택하고 있다는 것을 의식하게 되었다. 그 다음부터는 자기의 행동을 자신이 통제할 수 있도록 하는 질문을 스스로에게 하기 시작했다.

"지금 내가 선택하고 있는 비난하는 것과 비참해하는 것이 내가 원하는 것을 얻는 데 도움을 줄 것인가?"

삶의 위기가 덮쳐오는 그 순간에 우리가 반드시 놓치지 말아야 할 것이 있다. '이것은 내 삶이다! 그러니 내가 주체가 되어 끌어간다!'라는 정신줄이다. 내 인생의 주인공 자리를 남에게 내어주는 것은 행복의 선택권을 남에게 양도하는 것과 다를 바가 없다.

미국의 여류 소설가인 펄 벅은 『딸아, 너는 인생을 이렇게 살아라』에서 자신의 딸에게 의지와 행복에 대해서 이렇게 말했다.

"인생이 내게 가르쳐준 가장 중요한 교훈은, 행복이라든가 만족을 얻고 싶다면 그것을 위해 계획을 세우고 노력해야 한다는 사실이다. … 우리는 아무런 약속도 받지 못한 채 태어났고 우리 스스로 만든 것이 아닌, 몸이라는 것에 둘러싸여 여기 이렇게 존재하고 있다. … 그래도 우리는 저마다 재능과 가능성을 지니고 있어서 그것들을 잘 활용해 행복에 이를 수 있는 하나의 도구를 받는다."

그녀는 행복을 위한 도구로 '의지'를 꼽았다. 또한 의지를 작용시키는 것은 두뇌이므로 머리로는 자신이 살고자 하는 방향으로 삶을 계획하며, 의지를 이용하여 계획을 실행하라고 했다.

여자 나이 서른은, 앞으로 자신의 인생을 어떠한 태도를 갖고 살아갈지를 결정짓는 중요한 시기다. 여자는 서른에 인생당면과제를 겪어내며 내 안의 또 다른 나와 마주하게 된다. 아내와 엄마의 모습에서 딸과 며느리 역할에 직장인으로서의 나를 새롭게 발견하게 되고 과거에 맺어왔던 관계 속에서도 새로운 버전의 나를 만나게 된다. 그러면서 그동안 살아왔던 세상이 이전과는 분명 다른 모습으로 보이게 되는 것이다.

서른의 여자는 더 늦기 전에 인생을 위한 선택을 내려야 한다. 누군가에게 떠밀려가듯이 살아온 지난 20대에 종지부를 찍어야 한다. 이제야 내 손에 들어온 인생 방향키를 꽉 쥐어야 할 것이다. 아내로 시작하는 서른에도, 엄마로 시작하는 서른에도 여자는 항상 아내,

엄마 그 너머의 삶을 그리며 살아야 한다. 인생은 태도이며 선택인 것이다.

누군가 해내기 전까지는 모든 것이 '불가능한 것'이다.

— 브루스 웨인 —

성장하는 엄마 꿈이 있는 여자

03
지금이 '1만 시간'의
첫 시간이다

몇 년 전 초등학교 2학년을 담임하고 있었을 때의 일이다. 반 아이들과 간단한 실험을 한 적이 있었다. '마시멜로 실험'이었다. 책으로 출간이 되고 방송에도 여러 번 나오면서 더욱 유명해진 실험이다.

1960년대 심리학자 월터 미첼 교수가 4세 아이들을 상대로 마시멜로 테스트를 하고 아이들이 유치원에서 고등학교를 졸업할 때까지 14년간의 변화를 추적 관찰한 연구다. 실험은 간단하다. 아이들에게 15분간 책상 위에 둔 마시멜로를 먹지 않고 기다리면 하나를 더 주겠다는 약속을 한 뒤 아이가 어떻게 행동하는지를 관찰한 것이다.

결과를 간단히 요약하자면, 15분간 잘 기다려서 마시멜로를 하나 더 받은 아이들은 자기조절능력이 우수하며 학업능력과 사회성이 좋은 반면 실패한 집단은 그렇지 않은 모습을 보였다는 것이다. 이러한 능력은 선천적으로 타고난다는 주장이 있었으나, 차후에 다른 실험을 통해서, 훈련에 의해 길러질 수 있음이 밝혀졌다.

나에게서 마시멜로를 하나씩 받아든 아홉 살 아이들의 반응은 한결같았다. 참을 수 없는 달콤함의 유혹에 얼굴 표정이 하나같이 일그러졌다. 그러더니 얼마 지나지 않아 표정이 차츰 바뀌면서 두 부류로 나뉘었다. 15분을 견뎌내기로 결심한 아이와 그렇지 않은 아이들이었다.

나의 실험은 본래 실험에서 조금 변형을 했다. 아이들이 15분간 마시멜로우를 어떻게 하든 자율적으로 관리를 할 수 있도록 재량권을 부여한 것이다. 그러자 다양한 창의적 방법들이 쏟아져 나왔다.

내가 흥미롭게 관찰한 집단은 15분을 '견뎌내기'로 결심한 아이들이었다. 눈앞에 마시멜로우를 화장지로 덮는 아이, 집어 들고 주머니에 넣는 아이, 필통 속에 넣겠다는 아이 등 가지각색의 전략으로 마시멜로를 15분간 먹지 않기 위해서 안간힘을 썼다.

아이들은 이렇게 말했다. "나는 먹을 게 눈 앞에 보이면 분명 먹어버리게 돼. 그래서 화장지로 이렇게 덮어둘 거야" "나는 아예 주머니에 넣어둬야지. 내가 안 보면 안 먹을 테니까"하는 것이었다. 자신의 특징을 잘 파악하고 전략을 잘 구사한 아이들은 결국 15분을 견뎌냈고 마침내 마시멜로를 하나 더 먹으며 회심의 미소를 지었다.

나는 이 실험을 하는 동안 귀여운 아이들의 모습에 웃으면서도 동시에 감탄을 금할 수가 없었다. '어쩜 자기 자신에 대해서 저렇게 잘 파악하고 있을까! 겨우 아홉 살짜리들인데!'

그 아이들 앞에 어른으로 서 있는 내 자신이 순간 부끄러웠다. 나는 나 자신에 대해서 얼마나 알고 있는 걸까? 아홉 살 아이들 덕분에

知之爲知之不知爲不知是知也

나라는 사람에 대해 성찰해보는 시간을 가진 적이 있다.

'나는 나에 대해서 어디서부터 어디까지 알고 있는 걸까?'

그 당시 공자의 『논어』속 한 구절이 내 가슴을 후벼 팠다.

"아는 것을 안다고 하고 모르는 것을 모른다고 하는 것, 이것이 아는 것이다. 知之爲知之不知爲不知是知也"

진정한 나의 모습을 모르고 있었던 것은 어쩌면 부족한 나의 모습을 인정하고 싶지 않았던 일말의 알량한 자존심 때문이었는지도 모르겠다.

결혼 초에는 부부사이에 사소한 갈등으로 힘이 들 때면 그 모든 원인을 남편 탓을 댔다. 아이들을 막 낳아서 키우면서는 존재자체만으로 사랑하며 감사해야할 나의 아이들을 까다롭고 유별난 아이들 취급을 하면서 육아는 힘든 고통의 마라톤이라고 한탄했었다.

매순간을 그렇게 보내고 있으려니, 스스로에게 '너, 대체 왜 이렇게 힘들게 사니?'라는 물음이 생겼다. 내가 왜 이렇게 힘들까, 입에서는 왜 자꾸 불평불만만 터져나오는걸까하고 차츰 궁금증을 갖게 되었고 내 마음을 들여다보기로 했다. 그래서 책을 찾아 읽기 시작했다. 이때부터 자녀교육서보다는 내면심리와 자기계발과, 그리고 의식에 관련된 책을 많이 읽게 되었다. 내 마음에 대한 공부가 절실했기 때문이다.

그러는 와중에 비블리오테라피독서를 통해 사람의 마음을 치유하는 방법의 효과도 느낄 수 있었는데 내면아이, 내적불행, 여성의 자아상실 등의 개념을 공부하며 내 마음이 차츰 건강해지고 단단해져 감을 느낄 수 있었다.

아이들에게 좋은 엄마가 되겠다고 섣불리 시작한 엄마노릇이 오래가지 않아 한계에 부딪힌 이유도 찾을 수 있었다. 내가 나를 온전히 이해하지 못한 상태에서, 엄마로서의 모종의 준비나 도량도 키우지 못한 채로 욕심껏 분에 넘치는 역할을 수행하려 했기에 일찌감치 나가떨어질 수밖에 없었던 거다.

슈퍼맘 놀이를 하며 아이를 똑똑하게 잘 키워보겠다고 찾아 읽은 수많은 책들은 준비되지 않은 엄마인 내게 온통 숙제로 다가왔다. '아이와는 이렇게 놀아주세요' '발달 단계와 독서연령에 맞게 책을 읽히세요' '아이 감정을 코칭해주세요' '배려 깊게 사랑하세요' 등 모든 자녀교육 지침들이 버거웠다. 자녀에게 해주라는 것만 한가득인데, 이 노릇을 아이가 어느 정도 클 때까지 계속 해야 한다고 생각하니 막막했다.

그러다가 어느 날엔가는 살짝 꼼수도 부려봤다. '십 년이면 강산도 변한다는데 딱 십년만 죽었다고 생각하고 엄마 역할을 해내자.' 그러다가 『8살 이전의 자존감이 평생 행복을 결정한다』는 책을 읽고는 생각이 바뀌었다. '초등학교에 입학하는 8년까지만 열심히 하면 되겠다'고도 생각했다.

신경학자인 다니엘 레비틴이 주장한 '1만 시간의 법칙'이 있다. 어느 분야에서든 세계 수준의 전문가, 마스터가 되려면 1만 시간의 연습이 필요하다는 것이다. 말콤 글래드웰은 그의 저서 『아웃라이어』에서 '진정한 아웃라이어1. 본체에서 분리되거나 따로 분류되어 있는 물건, 2. 표본 중 다른 대상들과 확연히 구분되는 통계적 관측치가 되기 위한 매직넘버'가 바로 1만 시간이라고 언급한 바 있다.

이 법칙에 따른다면, 엄마역할을 마스터하기 위해서 대략 하루 세 시간, 일주일에 스무 시간씩 10년간 연습하면 양육전문가가 될 수 있다. 과연 1만 시간을 쏟는다면 내 아이에 관해 훤히 꿰뚫는 전문가가 될 수 있을까?

주변에서 아이를 키운 지 십 년 이상이 된 주부들을 만날 때마다 물어보았다. 그들이 과연 전문가가 되어있었을까? 대부분 이런 반응이 돌아왔다.

"도통 애가 뭔 생각을 하고 사는지, 모르겠다니까요." "애랑 말이 안통해요."

아이 키우기에 관해서 1만 시간을 공부하면 자녀교육이나 양육전반에 관한 웬만한 정보는 다알게 된다. 하지만 '좋은 엄마'가 될 수 있다는 보장은 받을 수 없다. 왜냐하면, 아이를 알아가기 위한 노력이전에 엄마인 나를 알기 위한 공부를 소홀했기 때문이다.

엄마들은 아이를 이해하고 잘 키우겠다는 욕심을 내기에 앞서서 육아 주체주양육자인 자신을 알기 위한 특단의 조치를 내리지 않으면 안 된다.

"나도 자녀교육서를 제법 많이 읽었어. 그런데 책은 책이고 이론은 이론일 뿐이야. 현실은 달라!"라고 원망 섞인 목소리로 말하는 엄마들이 종종 있다. 그러면서 그들은 계속 고뇌한다. "어떤 엄마들은 책을 찾아 읽으면서 애들도 잘 키워냈다는데 우리 애랑 나는 왜 맨날 제자리 걸음인거지?"하고 말이다.

육아를 위해서든 인생을 위해서든 엄마는 자기 자신에 대해서 공부하는 1만 시간의 노력을 기울여야 할 것이다.

나라는 사람이 어떤 사람인지 명확히 파악한 뒤에 아이도 키우고, 남편도 키워야 한다. 사실 엄마들은 자신을 관리하는 일이 쉽지 않

'관계맺기' 추천해요!

엄마라는 자리가 유독 외롭게 느껴질 때가 있어요. 바로 나 혼자만 이리 힘들고 어려운건가하고 생각하게 될 때에요. 급기야 외로움이 심해져서 주부우울증으로까지 진행되는 경우도 많아요.

이럴 때에는 외로움을 벗어나기 위해서 어렵지 않게 할 수 있는 방법이 있어요. 주변에 자신과 비슷한 상황에 있는 사람이나 단체와 관계맺기를 시도해보는 것이 좋아요. 요즘은 SNS나 블로그 등 온라인 커뮤니티가 활성화 되어있기 때문에 이를 긍정적으로 잘 활용한다면 육아와 살림에 활력소가 될 수 있어요.

몇 년 전까지 만해도 임신·출산·육아에 대한 커뮤니티가 주를 이루었다고 한다면, 요즘에는 엄마의 꿈찾기 및 자기계발에 관한 커뮤니티도 많아요. 취미로 배운 작품들을 커뮤니티 벼룩시장에서 팔 수도 있고요. 잘 활용해서 마음의 위안을 찾아보세요.

다. 일상에 치어서 각오가 쉽게 무너져 내리고 언제나 차등순위로 밀려나기 때문이다.

그럴수록 엄마는 자신을 위해 투자해야 한다. 엄마가 스스로에 대해서 알아가는 시간과 공간을 확보해 놓는 습관부터 들이는 것이 매우 중요하다. 우선, 엄마 리츄얼성스러운 의식을 만들기를 적극 권장한다. 엄마만의 공간, 엄마만의 시간을 마련해보자.

집 안 한 곳에 조그마한 찻상이라도 펼쳐 놓자. 그 위에 책이라도 한 권, 메모지라도 하나 열어놓자. 내가 가진 모든 타이틀을 다 내려 놓고 온전히 자유로운 나 자신이 하고 싶은 공부, 취미, 활동에 대한 것으로 채워보길 바란다.

오늘은 당신 인생에서 스스로를 위해 투자하는 1만 시간의 첫 시간이라고 생각하라.

지옥을 걷고 있다면, 계속해서 걸어가라.

- 윈스턴 처칠 -

04
인생의 30대를
고시생처럼 보내라

"부모로서 최선을 다해서 아이들을 키워라!"

어릴 적 학급교훈이나 인생 좌우명으로도 많이 듣던 말 중에 하나가 '최고보다는 최선을' '최선을 다하자'였다. 나는 항상 궁금했다. '할 수 있는 만큼의 최선'이라는 것. 그게 어느 만큼을 말하는 것인지 말이다.

둘째 아이를 낳고 휴직을 하면서 되도록 부모님께 의지하지 않고 내 손으로 아이를 키우겠다고 결심했다. 그런데 엄마노릇은 생각보다 많이 힘들었다. 막상 집에 있으려니 아침밥을 먹고 나면 이런 생각이 들었다. '지금쯤이면 학교에 출근해 있을 시각이네. 이젠 1교시 시작 했겠네.' 그러면서 벽에 걸린 시계만 쳐다보며 안절부절 못하는 나를 발견했다.

어느 날 아침에는 혼자 주방에서 일을 하고 있는데, 교실에 있었을

때처럼 학생들이 웅성거리는 소리가 귓가에 들리는 것 같았다. 칠
년 동안 익숙해진 학교생활의 리듬이 어느 새 내 몸에 깊이 배어있었
다. 직장인에서 엄마로 한 순간에 역할이 바뀌니 일종의 시차적응이
필요했던 시기였다.

어느 정도 집안일에 적응이 되었다 싶었을 때에는 갓 두 돌이 지난
큰 아이를 엄마로서 이해하지 못한다는 생각에 마음이 힘들었다. 당
시 23개월이던 큰아이는 동생이 생겼다는 사실을 받아들이기가 힘
들었는지 틈만 나면 울고 짜증을 냈다.

다 떼고 난 젖병을 다시 달라고 했고, 기저귀를 채워달라고 하면서
울었다. 누워있는 동생의 얼굴에 두꺼운 이불을 덮어서 꾹꾹 눌러주
며 "코 자라, 동생아…"하고 말했다. 영원히 재워버리고 싶을 만큼
미운 모양이었다. 동생에게 짓궂은 장난을 쳐놓고는 엄마가 볼 새라
도망가서 숨어버리는 일도 자주 있었다.

"윤서야! 윤서야!"

한참을 불러도 아이가 나오지 않을 때에는 걱정이 되어서 방구석
구석 아파트 베란다까지 한참을 찾아다니기도 했었다. 그럴 때마다
아이는 안방 문 뒤에서 손가락을 만지작만지작 하면서 숨어있었다.
그 당시에 나는 아이의 마음을 헤아리려고 먼저 노력하기 보다는 엄
마역할을 갈수록 힘들게 만드는 아이가 원망스러웠다.

큰아이가 보채거나 짜증낼 때는 울음소리도 유독 귀에 거슬렸다.
옷자락을 잡고 나를 올려다보며 칭얼댈 때에는 솔직한 심정으로는
곁에 오지 않았으면 하는 생각이 들기도 했다.

아이를 키우겠다고 휴직을 했으면서 이제는 아이 때문에 힘들어서 못살겠다는 말이 턱 밑까지 올라올 지경에 이르렀다. '다루기 힘든 큰아이와는 좀 떨어져 있고 싶다'고 생각하면서 엄마로서 나쁜 상상을 한 적도 있었다.

그렇게 나는 불량한 마음을 먹은 채로 하루하루를 보냈다. 엄마인 내가 그런 마음을 먹고 아이를 바라보니 아이는 계속 나와 엇나가는 행동만 골라서 계속하는 듯 보였고, 신생아인 둘째 아이만 눈에 들어왔다. 그러다가 이런 불량한 마음을 당장 고쳐먹어야겠다고 생각한 사건이 발생했다.

어떤 날에 방 문고리가 고장이 나서 잠겨버린 적이 있었다. 뜻 밖에도 큰 아이가 방에 있는 채로 내가 둘째를 안고 방문을 나서는 순간에 문이 잠겨버렸다. 아이는 처음에는 엄마가 장난을 친다고 생각했는지 웃으면서 "엄마, 문 열어주세요. 애기 나가고 시포요."라고 했다.

약 1분 정도 지났을까? 영문을 모르던 아이는 한 두 번은 웃으면서 문 밖에서 들려오는 엄마의 반응을 살피는가 싶더니 이내 꺼이꺼이 울기 시작했다. 아이를 진정시키면서 손잡이를 아무리 돌려도 문이 열리지 않았다.

순간 나는 119에 전화를 해야 할지, 남편에게 연락을 해야 할지 몰라 발만 동동 굴렀다. 1초가 1년 같았다. 아이는 목이 터져라 우는데 나도 눈물이 나오기 시작했다. '혹시나 내가 나쁜 생각을 품어서 이런 일이 생겼나?' 싶었다.

마음이 갈수록 다급해졌고 저러다가 아이가 경기를 하거나 실신이라도 하지 않을까 걱정이 되었다. 안고 있던 둘째아이를 보행기에 내려놓고 있는 힘을 다해서 문손잡이를 내려눌렀다.

바로 그 순간 거짓말처럼 철로 된 방 문고리가 '빠작'하고 떨어져 나갔다. 문이 열리자, 세 살도 채 되지 않은 자그마한 내 아이는 공포에 질린 듯한 얼굴에 눈물, 콧물이 범벅이 되어있었고 목이 쉰 채로 엄마만 부르며 서 있었다.

"엄마, 윤셔 두고 가지 마요. 엄마아… 나랑 꼭 같이 가요. 엄마아…"했다. 목 놓아 우는 아이를 품에 안으며 딸의 놀란 마음을 먼저 헤아려 주기는커녕 내 입에서는 엉뚱한 말이 튀어나왔다. 엄마가 일부러 문을 잠근 게 아니라고 변명 아닌 변명을 늘어놓는 것이었다. 그 와중에 나는 뜨끔했다. 혹시라도 나의 잠재의식이 이런 일을 의도한 것은 아니었는지 돌아보았다.

아이가 방 안에 갇혀있었던 짧은 순간 동안 나는 아이를 다시 만나고 싶은 마음이 간절했다. 아이에게 미안한 마음이 가득했고, 아이를 진정으로 사랑할 수 있는 마음이 내 안에 생기게 해달라고 간절히 기도했다. 아이에게 차갑게 대했던 지난날의 내 모습이 마치 『올가미』라는 영화 속에서 며느리를 모질 게 대했던 싸이코 시어머니같이 느껴지기도 했다.

조셉 머피가 쓴 『잠재의식의 힘』에는 지혜를 얻을 수 있는 방법을 찾기 위해 소크라테스를 찾아간 한 젊은 남자에 대한 이야기가 나온다. 소크라테스는 그 젊은이를 강으로 데리고 가서 그의 머리를 물속에 집어넣었다. 그러고 나서 그가 숨을 쉬려고 허우적거릴 때까지 그의 머리를 누르고 있다가 놓아주었다.

그 젊은이가 숨을 고르고 진정이 되었을 때, 소크라테스가 그에게 물었다. "물속에 머리를 넣고 있을 때 무엇을 가장 바라게 되던가?" 젊은이는 "공기였습니다"라고 대답했다. 그러자 소크라테스는 천천히 고개를 끄덕이며 이렇게 말했다.

"물에 머리를 담그고 있을 때 공기를 원했던 정도로 지혜를 바란다면, 자네는 지혜를 얻게 될 것이다."

내가 문고리 사건을 겪고나서 간절히 바랐던 것은, 내 안에 아이와 소통할 수 있는 따뜻한 사랑의 마음이 생기는 것이었다. 결혼 후, 오랜 기다림 없이 찾아와준 선물 같은 첫 아이는 내게 '엄마'라는 소중한 이름을 붙여준 우리 부부 사랑의 결실이었다. 그런데 나는 왜 사랑스런 그 아이를 자꾸만 마음속에서 밀어내려고 했던 것일까?

아이는 우는 것이 정상이고, 짜증을 내거나 자신의 감정을 솔직히 표현하는 것이 건강함의 표시다. 그런데 나는 왜 그러한 진실을 가리고 듣고 싶지 않았던 걸까? 아이의 행동이 엄마인 나를 힘들게 하기 위한 계획된 꼼수라고까지 느껴진 것은 왜였을까?

과연 내 안에 '사랑'이라는 게 있기나 한 건지, 왜 이렇게 하루하루를 힘들어만 하면서 살고 있는지 알고 싶어졌다. 이제부터는 '육아'보다는, 대체 내가 어떤 사람인건지 절실히 알고 싶어졌다.

사람들은 흔히 '미운 세 살'이라고 말한다. 그 몇 단어로 뭉뚱그려

세 살도 채 되지 않은 자그마한 내 아이는 공포에 질린 듯한 얼굴에 눈물, 콧물이 범벅이 되어있었고 목이 쉰 채로 엄마만 부르며 서 있었다.

서 덮어버릴 수 있었던 큰 아이의 행동들은 자녀교육서에서 어렵지 않게 답을 찾을 수가 있었다. 바로 '동생을 탄다는 것'이었다. 동생이 생긴 큰 아이의 마음은, 흡사 배우자가 바람을 피우고 애인을 집에 들이는 것과 같은 충격을 받는다. 그래서 감정의 기복이 심할 수밖에 없고 그럴수록 부모는 아이를 따뜻하게 안아줘야 한다.

아이는 정상적인 발달단계를 잘 밟아나가고 있었다. 소아정신과 전문의 서천석 선생님의 말씀처럼 "내 아이는 정답"이었다. 아이의 행동과 심리에 대한 정보는 책이나 인터넷 정보 등을 통해 쉽사리 찾을 수 있었다. 내 아이는 지극히 정상이었다. 그렇지만 엄마인 내 마음의 해답은 찾을 수가 없었다.

'어디서부터 시작해야하는 걸까? 누구에게 내 마음을 털어놓고 답을 구해야 할까?, 무슨 책을 사서 읽어야하는 걸까?'

문고리 사건이 있던 그날 밤, 나는 내 자신을 알아가기 위한 공부 계획을 짰다. 자녀교육보다 내 마음공부가 먼저 일듯했다. 소크라테스를 찾아간 젊은이가 물속에 머리를 짚어 넣었을 때 간절히 바랐던 '공기', 그것이 지금의 내게는 '진정한 나 알기'였다.

잠든 아이들의 얼굴과 곁에서 누워있는 남편의 얼굴을 번갈아 보면서 생각했다.

'엄마이기 전에 몸도 마음도 건강한 사람이 먼저 될게.'

'아내이기 전에, 멋지고 매력적인 여자가 먼저 될 거야.'

당신은 바로 자기 자신의 창조자이다.

— 카네기 —

05
두려움보다 기대감으로
마흔을 맞이하라

"내가 이 나이에 뭘 하겠어…"

서른 후반에 친구들을 만나면 미혼이건, 기혼이건 공통적으로 하는 말이 있다. 미혼인 친구들은 나이를 운운하면서, 연애 및 결혼뿐만 아니라 새로운 무언가를 시작하기에는 이미 늦었다고 말한다.

결혼한 친구들은 아예 새롭게 무언가를 시도하는 것은 엄두도 못 낸다. 나이 제약에 더하여 현실적인 상황 몇 가지가 덧붙여진다. "일단은 아이나 먼저 키우고…" 또는 "남편이 싫어서…" 라고 하면서 자신을 위해서는 따로 시간이며 돈 등을 쓰기가 주저된다고 말한다.

이럴 때 보면, 여자는 몸보다 마음이 먼저 나이 들어버리는 것 같다. 푸근하거나 온정이 있고 여유로운 모습으로 나이 들어가는 것이 아니라, 단지 무언가를 시작하는 것이, 변하는 것이 두려운 나머지 일상에서 핑계거리를 찾느라 마음이 먼저 늙어버리는 것이다.

현실의 벽이 높다고 생각하면 할수록 새로운 시도들이나 변화들은 꺼리게 된다. 그리고 이루어지기 어려운 것들은 타인을 통해서 대리 만족을 하고 싶어지며 자신은 뒤로 물러선다.

최근에 드라마를 보면서 여주인공들의 연령대가 높아진 것이 눈에 띄었다. 김희애, 송윤아, 최지우 등이 주연을 맡은 드라마가 비슷한 시기에 방영이 된 적이 있다. 과거 드라마들은 주로 사랑이나 멜로물이 많았는데 요즘은 드라마의 내용이 다양해지고 여주인공의 캐릭터나 직업 또한 눈에 띄게 달라졌다.

어느 신문기사에서는 지상파 드라마가 중장년을 기본 시청층으로 겨냥하기 때문에 여주인공의 연령대가 높아졌다고 했다. 또한 직업의 세계가 분명히 드러나고 강하고 똑부러진 여성의 이미지들이 부각되는 것에 대해서 문화평론가 공희정은 이렇게 말했다. "40대 시청자들에게 동년배 여배우들의 활동적이고 새로운 역할을 하는 모습은 생활인으로서의 공감이나 자극을 줄 수 있다."

결국 드라마 속 같은 여자로서 멋진 모습을 보여주는 연기자들을 통해 여자들은 비슷한 처지를 위로받거나 또는 대리만족을 느끼는 것이다. 나보다 더 강하고 멋진 삶을 사는 언니들은 언제나 동경의 대상이다. 그러다가 막상 현실로 돌아오면 그건 오직 텔레비전 속에서나 가능한, 나와는 동떨어진 먼 나라 이야기가 되는 것이다. 하지만 그 멋진 삶을 사는 언니들의 사례가 멀리 있지 않고 가까이 있다는 것을 경험하게 되면 얘기가 달라진다.

쌀쌀한 날씨, 작년에 입히던 아이들 옷이 많이 작아졌다. 그래서 혼자 대형마트 안에 있는 의류매장에 간적이 있었다. 몇 군데를 돌아보다가 한 매장에 들어가서 아들 바지를 골랐다.

편한 옷을 위주로 입고 색깔도 자칭 '남자색깔'의 옷만 입는 아이라서 몇 개를 골라두고 고민을 했다. 그러자 점원 아주머니가 곁에 와서 옷에 대해 몇 가지 조언을 해 주며 계산을 도와주었다.

아주머니를 보니 외관상으로는 자녀가 고등학생 정도 되지 않을까 싶어서 말을 건넸다. "이제 자제분들 다 키우셔서 다들 알아서 학교생활하죠?" 했더니, 아들이 서른여덟이라고, 몇 년 전에 결혼을 시켰다고 하셔서 깜짝 놀랐다.

외모 상으로는 40대 후반이나 50대 초반정도로 밖에 안 보였는데 알고 보니 할머니셨다! 본인의 나이를 6학년 2반이라고 밝히시면서, "이래서 여자는 늘 가꿔야해요. 그리고 항상 자신을 안과 밖으로 관리를 해야 해요"라고 말씀하셨다. 그러면서 개인적인 이야기를 잠깐 들려주셨다.

"집에 있을 때는 집안일에 식구들 뒤치다꺼리에 우울증까지 겹쳐서 많이 힘들었어요. 그러다가 이대로는 내 인생이 죽도 밥도 안 되겠다 싶어서 나를 가꾸기로 마음먹었지요. 이것저것 배워보기 시작했지요. 그랬더니 집에서도 점점 활력을 되찾았어요. 이렇게 옷가게에 나와서 일을 하기 시작한 건 변한 나를 보고는 친구가 아르바이트 자리가 있다고 해서 추천해줬기 때문이랍니다."

아주머니는 옷가게를 나서는 나에게도 당부말씀을 잊지 않으셨다. "애기엄마! 엄마로 살다가 늙어 죽으면 안 돼요. 항상 자신을 가꾸고 젊은 마음을 갖고 살아요!"

동네에서 아이들 키우는 엄마들을 만나면 크게 두 부류로 나뉜다. 마음이 젊은 엄마와 마음이 늙은 엄마. 그들과 대화를 조금 나누다 보면 아이를 대하는 방식에서 엄마의 마음가짐이 드러난다. 젊은 마음과 긍정적인 기운으로 아이를 키우는 엄마와 늙었다는 마음과 부정적인 기운으로 아이를 키우는 엄마.

내면의 자기관리를 잘하는 엄마들을 만나보면 공통점을 발견하게 된다. 눈빛이 반짝이고 얼굴에 생기가 돈다. 대화를 나누다보면 말을 할 때에도 자신감과 확신이 느껴진다. 그리고 주로 걸음걸이도 약간 빠른 편이다.

나는 그런 엄마들을 만날 때마다 기분이 참 좋아진다. 자꾸 만나고 싶어진다. 긍정적이고 생동감 넘치는 인생의 기운을 닮고 싶어지기 때문이다. 우연인지는 몰라도 십 년 넘게 교직에 있으면서 확인한 결과 그런 엄마의 자녀들은 눈빛이 엄마를 많이 닮아있다.

마음이 먼저 늙어버린 엄마들에게 이즈음에서 솔깃한 연구결과를 하나 말해주고자 한다. 1979년 미국 오하이오 주의 신문에 광고가 실렸다. '무료한 일상 탈출, 활기찬 노년!' 이라는 제목이었다. 지원 자격은 '70대 후반에서 80대 초반 남성일 것, 회비는 없고 모든 여행 경비 무료'라고 명시되어 있었다. 무료한 일상을 보내던 노인들에게는 더할 나위 없이 좋은 기회였기에 각지에서 신청이 쇄도했고 치열한 경쟁을 뚫고, 필요한 8명의 인원이 금세 채워졌다.

"애기엄마! 엄마로 살다가 늙어 죽으면 안 돼요. 항상 자신을 가꾸고 젊은 마음을 갖고 살아요!"

　　노인들은 외딴 시골의 한 수도원으로 초대되었고, 제대로 서 있기조차 힘들어 보일 정도였다. 그들은 단 두 가지의 규칙을 지키며 일주일 동안 생활하도록 안내받았다. 첫째, 20년 전인 1959년으로 시간을 되돌릴 것. 둘째, 청소와 설거지 등 집안일은 직접 할 것이었다. 노인들은 처음엔 간단한 청소마저 힘겨워했으나 이내 적응했고 20년 전의 정치, 사회 그리고 스포츠 등을 현재형으로 이야기하면서 생활에 점차 익숙해져 갔다.

　　일주일 후, 추억여행이 끝나 집으로 돌아가기 전, 8명의 노인들의 시력, 청력, 기억력, 체력 등을 검사한 결과 처음엔 제대로 서 있기도 힘들었던 그들의 신체 나이가 50대 수준으로 향상되었다는 것을 알 수 있었다.

　　이는 단순한 '추억여행'이 아니었다. 하버드대 심리학과 교수 엘렌 랭어가 진행한 '시계 거꾸로 돌리기 연구'였던 것이다. 나이가 들면서 건강이 나빠지는 것은 몸이 늙어서라기 보단 '나이 들었다'는 심리적 작용이 더 큰 영향을 끼치기 때문이라고 한다. 마치 기적과도 같은 이 연구는 일반인뿐만 아니라 아이를 키우는 엄마들에게도 시사 하는 바가 굉장히 크다.

　　"너두 애 낳아봐. 팔, 다리, 어깨, 무릎 안 아픈 데가 없어."하고 자신을 60대 할머니 정도로 취급하는 30대의 엄마들이 있다. 그리고 후배들에게는 '후회 막급하다'는 식의 결혼후기와 쓰디쓴 인생조언을 날린다.

반면에 인생은 60부터라고 굳게 믿으며 본인은 걸음마도 떼지 않은 이팔청춘으로 여기는 50대 언니들도 있다. 그들은 항상 이런 말을 듣는다. "넌 어쩜 그대로니. 여전하네."

'중년'의 의미

국립국어원 표준 국어대사전에서는 '중년'을 이렇게 정의하고 있어요.
'중년이란, 마흔 살 안팎의 나이. 또는 그 나이의 사람. 청년과 노년의 중간을 이르며, 때로 50대까지 포함하는 경우도 있다.'
미국의 인구조사국과 웹스터 사전에서는 45~65세 사이를, 옥스퍼드 영어사전에서는 45세~64세 사이를 중년이라고 해요.
UN에서 발표한 연령대별 분류를 보면 18세부터 65세까지를 청년, 66세부터 79세 까지를 중년, 80세부터 99세까지를 노년, 그리고 100세 이후를 장수노인으로 분류하고 있고요(120세까지 살 경우…)
그러고 보면 나이는 숫자에 불과한 셈이고 관념에 불과하다는 말이 맞는 것 같아요. 나라마다 또는 정의내리는 주체에 따라서 '중년'에 대한 해석이 조금씩 달라지니 말이죠. 최근에는 중년을 소재로한 책이나 텔레비전 프로그램도 심심찮게 볼 수 있어요.
최근에 가까운 지인 한 분이 흰머리가 난다고 우울해한 적이 있어요. '이제 나도 빼도박도 못하는 중년이구나' 하시더군요. 그런 분에게 중년의 정의가 이렇게 다양하다고 말씀 드리면 좀 위로가 될까요?

여자는 주민등록상의 나이대로 늙지 않는다. 인생에 대한 열정의 불꽃이 식어가는 순간 늙어버리는 것이다. 누구나 가슴 속에 열정의 불꽃을 하나씩은 가지고 살아간다. 그 불꽃이 활활 타오를 수 있도록 산소를 넣어줄지 찬물을 끼얹을지는 온전히 자신의 마음먹기에 달려있다.

유대계 미국 시인인 사무엘 울만은 그의 유명한 시 '청춘'에서 이렇게 노래했다.

'청춘이란 인생의 어떤 기간이 아니라 마음의 상태를 말한다. 때로는 20세 청년보다도 70세 노년에게 청춘이 있다. 나이를 더해가는 것만으로 사람은 늙지 않는다. 이상과 열정을 잃어버릴 때 비로소 늙는다.'

가슴 속에 열정의 불꽃이 활활 타올라서 뜨거운 삶을 사는 엄마들이 많아졌으면 좋겠다. 혹시 아직까지 가슴 속의 불꽃을 찾지 못했다면 마음 안의 시계를 거꾸로 돌려보기를 적극 추천한다. 두려움보다는 기대감으로 당신의 내일을 맞이하라. 내일은 새롭게 태어날 당신을 위한 첫 날이다.

당신의 삶에 대한 주인의식을 가지고 세상 속에서 자신의 이야기를 진행시켜라.

— 여훈 『최고의 선물』 중에서 —

06
한 번 뿐인 인생,
리허설은 없다

"엄마는 이 세상에서 누가 제일 좋아?"

아이들이 초등학교에 다니게 되자, 어렸을 적에 비해서 질문내용
이 조금 달라졌다. 그 전까지만 해도 "엄마는 내가 좋아, 동생이 좋
아?"이거나 "엄마는 내가 좋아, 누나가 좋아?"하던 녀석들이었다.
그럴 때마다 나는 이렇게 대답하곤 했다.

"지금 엄마 앞에 있는 네가 제일 좋아."

엄마가 누구를 더 좋아하느냐고 묻는 아이는, 엄마의 사랑이 몹시
고프다는 표시다. 그래서 즉각 확인받고, 마음의 평온을 얻고 싶고,
엄마 품에 안기고 싶다는 신호를 보내는 것이다. 엄마에게서 만족스
러운 대답을 들은 아이는 표정이 즉시 바뀌게 된다. 행복해하고 어
쩔 줄을 몰라 한다. 흡사 자기가 형제 중에 으뜸인양 목에 힘을 주게
된다.

나는 아이에게 답을 해주고 나서는 꼭 한 가지 단서를 달았다. "이 사실은 우리 둘만의 비밀이야"라는 식으로 말이다. 왜냐하면 다른 아이가 토라질 것이 분명하기 때문이다.

그런데 문제는, 아이들이 자라면서 질문의 난이도가 높아진 것이다. 더 이상은 "내가 좋아, 동생이 좋아?"하는 이지선다형이 아니었다. 주관식으로 바뀐 것이다!

아이들에게 어떻게 대답을 해줘야 질문한 아이도 만족스럽고 답한 나도 행복할지를 한동안 고민했다. 그리고 내 자신에게 진지하게 물었다.

'과연 나는 이 세상에서 누구를 제일 좋아하고 있는 걸까?'

이 질문에 대해 깊이 있게 생각해보지 않았다면 나는 그 즉시 아이에게 이렇게 대답을 했을 것이다. "물론, 아빠를 제일 좋아하지." 큰아이도, 작은아이도 아닌 남편을 선택해야 가장 안전한 답변이 되기 때문이다. 자녀들을 편애하지 않는 공평한 엄마가 될 것이고, 남편을 사랑하는 아내의 모습까지 챙길 수 있기 때문이다. 그래야 아이들에게는 어떤 비난이나 원망도 받지 않을 것이다.

"에이, 유치해" 또는 "엄마는 맨날 아빠만 좋아해"라는 핀잔은 들을지언정 아이 둘을 가진 엄마로서 답변 후에 밀려오는 곤란함은 모면하지 않겠는가.

하지만 아이가 던진 쉽고 가벼운 질문은 나를 진지하게 생각하게 만들었다. 이 세상에서 누구를 제일 많이 사랑하느냐는 질문은 마치, 엄마인 내가 앞으로의 인생을 어떻게 바라보며 살 것인지에 대해 묻는 것 같았기 때문이다. 흡사 "엄마는 누굴 위해서 이 세상을 살아가고 있어요?"처럼 들렸다.

그 즈음에 나는 강헌구의 『가슴 뛰는 삶』을 읽고 있었다. 어쩌면 한창 나의 삶, 열정, 꿈에 대해서 고민하고 있었던 터라 아이들의 단순한 질문 하나가 내 일상의 명치를 건드린 듯 한 충격이었는지도 모르겠다.

당시에 나는 아이들과 보다 나은 의사소통과 관계맺기를 위해서 매주 토요일마다 한국심리상담연구소에서 실시하는 효과적인부모역할훈련P.E.T교육을 받으러 다니고 있었다. 그 책을 읽으면서 전철을 타고 다녔는데 왕복 두 시간 동안 가슴에 꽂히는 구절들이 참 많았다. 그러다가 갈아타는 타이밍을 놓쳐서 꽤 오랜 시간이 흐른 뒤에야 집에 도착한 적도 여러 번이 될 정도였다.

책의 후반부를 읽으며 나는 깊은 고민에 빠졌다. 그 동안 생각 없이, 계획 없이 주먹구구식으로 살아온 지난 내 생활을 깊이 반성하게 되었다. 그리고 내 자신에게 참 미안해졌다. 일과 살림 그리고 육아에 치여서 챙겨주지 못한 내 자신이 어느새 저 멀리 떠밀려가 있었기 때문이다.

책 속에는 가슴 뛰는 삶을 살고 있는 여러 인물들이 나온다. 그 중 영화감독 스티븐 스필버그가 했던 말이 가장 기억에 남았다.

"매일 아침 나는 가슴이 너무나 두근거려서 도저히 식사를 할 수 없을 정도다."

책 속에서 저자는 가슴이 시키는 삶을 사는 사람들의 특징들을 이

창살에 갇힌 삶, 편안함에 빠진 삶, 충전된 삶

렇게 표현했다. '간절한 꿈을 가진 사람은 사랑에 빠진 것처럼 얼굴에서 늘 빛이 난다. 항상 행복한 표정으로 신나게 산다. '비전Vision'이라는 황홀한 열병에 감염되었기 때문이다.'

내 생활을 돌아보니 그다지 가슴 뛰는 삶을 살아온 것 같지 않았다. 결혼해서부터 지금까지 모두 내 손으로 선택해서 살아온 삶이었지만 늘 '결정적인 뭔가'가 빠져있는 듯 한 느낌이 있었기 때문이다.

평범한 서른 중반의 애엄마를 떠올릴 때 웬만한 것들은 다 가지고 있다는 생각으로 살고 있었는데, 마음 한 구석에는 정체모를 서운함이 계속해서 남아있었다. 마치 탄산이 빠지고 난 미지근한 청량음료 같은 느낌이랄까?

충만한 행복감보다는 그저 주어지니까 하루하루를 살아가고 있는, 그야말로 가슴이 뛰지 않는 삶이라서 그랬던 건 아닐까. 내가 진정으로 살아있다는 느낌을 받을 수 있는 '그 무언가'를 간절히 찾고 싶어졌다.

세계 최고의 비즈니스 트레이너이자 동기부여가인 브랜든 버처드는 『충전』이라는 책에서 사람들의 삶을 세 가지로 나누어 이야기하고 있다. 창살에 갇힌 삶, 편안함에 빠진 삶, 충전된 삶이다.

우선 창살에 갇힌 삶Caged Life은, 과거 혹은 타인의 기대에 갇혀 살아가는 삶을 말한다. 어느 순간 다른 사람들이 원할 거라고 생각하는 대로 움직이고 말하고 행동하는 자신을 발견하게 된다.

둘째로, 편안함에 빠진 삶Comfortable Life은 고만고만한 독립, 기회, 자유를 얻고 그럭저럭 몰입하고 감사하며 살아간다. 하지만 마음 한 구석에서 편치 않은 느낌이 올라오는 것을 느끼며 어느 순간부터는 삶이 의아하게 느껴지게 된다. '내가 어떻게 여기까지 왔지? 야망과 욕구와 흥분은 어디로 갔지?'라는 질문을 스스로에게 던지게 된다.

마지막으로, 충전된 삶Charged Life은 인생의 지루함이나 목적을 잃은 기분을 느끼지 않는 삶이다. 인생이 마법 같고 의미로 가득하다고 생각하며 현재에 몰입하고 자신의 능력을 한껏 발휘할 수 있는 도전을 원하고 갈망한다. 자신이 원하는 삶을 충만하게 살고 경험하는 사람이다.

학창시절까지는 주로 창살 속에서 갇힌 삶을 살아왔다고 해도 과언이 아닐 것이다. 하지만 성인이 되고 결혼을 하면서부터는 내 손으로 어떠한 삶을 만들어낼 것이냐를 결정할 수 있게 된다.

나는 이 사실을 깨닫고부터 내 안에 들어차 있던, 원인모를 허전함과 답답함의 이유를 알게 되었다. 지금껏 내가 나 스스로에게 답하지 못한 물음이 있었기 때문이었다.

"미경아, 너가 어떻게 여기까지 왔지? 너의 삶에 대한 열정과 흥분은 어디로 간 거니?"

집에 있으면서 아이들이 내게 밥을 달라고 할 때마다 손에 밥주걱을 들고 전기밥솥을 물끄러미 바라보며 생각했다. '엄마는 결국 밥이네. 자고로 밥맛은 좋아야하는 법이지. 우리 아이들도 결국엔 그 밥을 먹고 건강하게 자랄 것 아닌가? 그래, 기왕에 엄마역할 할 거라면

맛있고 영양가 있는 밥이 되자!'

어느 잡지에서 김용 세계은행 총재의 어머니이자 미국 UCLA교수로 재직한 바 있는 철학박사인 전옥숙 여사에 대한 기사를 읽은 적이 있다우먼센스 2012년 11월호. 그녀는 인터뷰에서, "엄마들은 모든 것을 잘할 필요도, 세상에서 가장 현명할 필요도 없다"고 딱 잘라 말했다. 아이와 엄마는 함께 크는 존재이므로 아이들을 만들려고 하지 말고, 아이들이 엄마를 만들도록 해야 한다고 강조했다.

세 자녀를 키우면서도 자신의 공부까지 어떻게 할 수 있었냐는 기자의 질문에는 이렇게 답을 했다. "아이들을 기를 때 엄마들은 '스스로의 정신을 가다듬는 작업'을 해야 한다고 생각해요. 음악을 듣든,

엄마 잠깐!!

엄마 역할

엄마 역할, 참 어렵죠? 혹시 배우고 익히면 잘 하게 된다고 생각이 드세요? 이 세상에 엄마로 태어난 사람은 아무도 없지요. 아이를 낳으면서부터 자동적으로 엄마가 되긴 하지만 엄마노릇하기가 어디 그리 쉬운가요.
요즘에는 어린이집이나 유치원 또는 학교에서 무료로 진행하는 자녀교육이나 부모교육에 대한 기회가 많아요. 뿐만 아니라 온·오프라인의 엄마들 커뮤니티에서 자녀교육이나 부모교육 전문가를 초빙해서 강연을 듣기도 한답니다. 가정집으로 찾아오기도 해요.
육아, 자녀교육, 부모 역할을 혼자서 끙끙 앓지 마시고 주변에 도움을 요청해 보세요. 생각보다 도움을 받을 수 있는 방법이 많답니다.

피아노를 치든, 정원을 가꾸든 자신만의 영혼을 풍요롭게 하는 시간을 만들어야 해요. 이는 비행기에서 비상사태가 발생했을 때 안전 매뉴얼과도 같습니다. 엄마가 먼저 산소마스크를 쓰고, 아이에게 씌워주라고 하지 않습니까?"

지금 내 가슴에 절실히 필요한 것은 산소였다. 죽어가는 나의 심장 박동을 끌어올려줄 한 줌의 산소. 가슴 뛰는, 생동감이 느껴지는 삶을 살고 싶었다.

그리고 다짐했다. 다음번에 아이들이 이 세상에서 누굴 제일 좋아하느냐고 물어오면 자신 있게 말해 주리라. 이렇게.

"애들아, 엄마는 엄마 자신을 이 세상에서 제일 사랑해."

오늘 나의 불행은 언젠가 내가 잘못 보낸 시간의 보복이다.

- 나폴레옹 -

07
'다르게 살고 싶다'면
'다른 선택'을

어느 날, 거울 속에서 정체모를 여자를 마주한 적이 있다. 미용실 간지 몇 년도 더 된 것 같은 머리, 푸석푸석해진 피부, 살짝 찌푸려진 미간, 초점이 없는 눈. 그 여자를 바라보며 나는 계속해서 속으로 되뇌었다.

'지금과는 다르게 살고 싶다. 이건 내가 꿈꾸던 인생이 아니다!'

아이를 낳고 집에 있으면서 그렇게 수도 없이 외쳤다. 육아 초기에는, 출퇴근에 익숙했던 내가 온종일 집에 있는 것이 적응이 되지 않아서 마음이 싱숭생숭하니 그런가보다 했다. 아이를 키우면서 집안 살림을 하자니 육체적으로 정신적으로 스트레스를 받아서 그런 것이려니 하며 휴직기간이 끝나고 출근을 하면 좀 나아질 거라 기대했지만 상태는 똑같았다.

오히려 직장생활로 인해 아이들과 떨어져 있게 된 미안함과 죄책감까지 더해져서 나를 옭아맸다. 조금 지나면 상황이 좀 나아지겠지 했지만 어느덧 시간은 쏜살같이 흘러 아이가 유치원을 졸업할 나이가 가까워졌다. 둘째아이의 초등학교 입학과 적응을 위해서 다시 집에 있으려니까 등원하는 아들 녀석한테서 충격적인 말을 듣게 되었다.

"엄마는 집에서 노니까 좋겠다. 나도 유치원 안 가고 엄마랑 놀 거야!"

아이의 말에 손사래를 쳤다. 엄마는 놀기 위해서 직장을 쉬고 있는 게 절대 아니라고 했다. 집에서 하는 일이 무지 많은데 단지 눈에 띄지 않는 것들이라고 강조했다. 아울러 청소, 빨래, 설거지 등의 집안 일을 줄줄이 나열했다. 그래도 아이 눈에 비친 엄마는 그저 집에서 '노는 엄마'일 뿐이었다.

그때 깨달았다. 젖을 먹이고 기저귀를 갈아주던 때의 젖먹이 내 아이가 더 이상 아니라는 것을. 아이들이 점점 커가면서 엄마인 나를 보는 시각이 더욱 객관적이고 냉철해 질 거라는 생각이 들었다. 나의 생활 방식과 마인드가 바뀌어야 한다는 것을 피부로 느꼈다.

우리 아이들은 아직 엄마 손이 많이 가는 초등학교 저학년이다. 물론 더 어린 아이들에 비하면 다 키운 셈인지도 모른다. 하지만 계속해서 아이들 키우는 데만 온정신을 쏟고 있다 보면 나의 아까운 젊은 시절이 어디론가 증발되어 버릴 것만 같다. 아이의 커진 키와 늘어난 몸무게 속에 엄마인 나의 노고는 녹아있을지언정 그건 오롯이 나를 위한, 나만의 성과는 아니지 않은가.

모든 자녀교육서에서 공통적으로 말하는 것이 있다. '부모는 아이와 함께 성장해야 한다'는 것이다. 하지만 현실에서 실천하기는 참 어려운 말이다. 예나 지금이나 양육과 자녀교육은 엄마 차지다. 주변에서는 건설적인 도움도 주지 않으면서도 아이가 조금이라도 잘못되면 "엄마가 신경을 안 쓰는구만"하고 냉랭한 시선을 보낸다. 그모든 비난의 화살은 오롯이 엄마에게 돌아온다. 오죽 했으면 '독박육아'라는 신조어까지 나왔을까.

그러다보니 엄마들은 자의반 타의반으로 자녀교육에 얽매이게 되는 실정이다. 아이의 미래에 대한 불안감이 결국 옆집 엄마의 '카더라'통신과 사교육의 도움으로 아이를 끌고 가는 형국을 만들게 된다. 애시 당초 아무도 원하는 길이 아니었으니 오래 못가서 엄마도 지치고 아이들도 머리가 굵어지면 큰 소리로 외친다. "엄마가 하라고 해서 공부했잖아! 나는 꿈이 없어!"라고.

따라서 어느 정도 아이가 컸다 싶으면, 엄마는 판단을 내려야 한다. 끌어주는 엄마에서 밀어주는 엄마로 역할을 바꿔야 한다. 그리고 그간 쏟아온 아이에 대한 관심과 사랑은 엄마인 나 자신에게 고스란히 부어주어야 한다. 엄마역할에 쏟아 붓던 나의 에너지를 조금씩 거둬들여서 나를 위한 에너지로 사용하는 연습이 시작되어야 한다.

학교에서 초등학생들과 생활하다보면 보면, 하나부터 열까지 엄마가 알아서 다 챙겨주는 학생들은 눈에 쉽게 뜨인다. 준비물을 챙겨오지 않은 경우에도 당당하게 집에 전화를 해서 엄마를 호출하는 경우도 비일비재하다. 어떨 때에는 아이가 충분히 해낼 수 있는 일임에도 불구하고 자신이 못했을 경우 엄마 탓을 대거나 주변 환경 탓을 대기도 한다. 이럴 때 보면, 엄마라는 사람이 집에 365일 붙어 있는 그 모든 비난의 화살은 오롯이 엄마에게 돌아온다. 오죽 했으면 '독박육아'라는 신조어까지 나왔을까.

게 아이에게나 엄마에게나 항상 득이 된다고 볼 수는 없을 것 같다.

아이에게 자립심을 키워주라, 아이와 엄마가 함께 성장하라는 육아조언은 엄마에게도 시사하는 바가 크다. 아이가 어느 정도 컸다고 생각이 되면 엄마 역시 자신의 일, 관심사를 찾아서 떠날 필요가 있다. 아이도 엄마도 홀로 서는 연습을 조금씩 해보아야 하는 이유가 여기에 있다.

육아에만 전념하던 엄마모드에서 자아모드로 옮겨와야 한다. 아이들이 자기 삶의 주체가 되어 독립된 인격체로 살아갈 수 있게끔 환경을 조성해준 뒤에는 엄마도 자기 삶의 주체인 모습을 자녀들에게 보여주어야 한다. 그렇다면 아이가 몇 살쯤 되면 이러한 작업을 시작하는 게 좋을까? 전적으로 판단은 엄마의 몫이다.

나는 집에서 '노는 엄마' 취급당할 바에는 뭐라도 '하는 엄마'가 되자고 생각했다. 내 뱃속에서 나온 순수한 아이의 눈에 그렇게 보이는데, 하물며 남편이나 다른 사람들의 생각은 불 보듯 뻔 하지 않은가! 가끔 지인들이 내게 안부를 물을 때도 내미는 첫마디가, "집에서 노니까 좋지?"인 걸 보면 아무리 바쁘고 열심인 엄마모드가 되어 살아도 집에 있으면 그냥 노는 거였다.

온통 아이들과 집안일에 맞추어져 있던 삶의 초점을 바꾸기로 했다. 나에게로 초점을 옮겨오는 연습을 시작했다. 간절히 변하고 싶었던 만큼 사소한 일에서부터 평소와는 다른 선택과 행동이 필요했다.

엄마의 자리에서는 하루 24시간을 온전히 나만을 위해서 쓸 수는 없다. 그래서 짧은 시간만이라도 굵고 임팩트 있게 내 시간을 만들어서 써 보자고 마음먹었다. 변화를 위한 나름의 행동수칙도 세웠다. 첫째, 가슴이 뛰는 일을 찾을 것! 둘째, 단 10분이라도 몰입할 것!, 셋째, 손에 쥐는 결과물을 낼 것!, 넷째, 선택은 나의 몫임을 기억할 것!, 다섯째, 매순간 행복할 것!

마음을 고쳐먹자 그동안 흩어져있던 나의 에너지가 조금씩 모아지는 것을 실감했다. 남편과 삐걱거렸던 부분들이 사소하게 느껴졌다. 가장 큰 변화였다. 그에게 걸쳐놓았던 부정적인 감정의 연결고리를 거둬들이게 되었다. 나를 위한 일에 집중을 하니 상대적으로 남편 눈치를 보거나 기분을 헤아리는 일에는 감정소모를 덜 할 수 있었다.

아이들에게도 마찬가지였다. 나 자신에 대한 건강한 자신감이 생기니 자녀교육에서 걱정과 막연한 두려움과 불안함을 떨칠 수 있었고 조금씩 편안해졌다. 그간 애들 교육을 잘 못시키고 있는 엄마라는 낙인은 나 스스로가 찍은 것이었다! 그리고 이것이 행복한 육아와 가정생활의 걸림돌이 되어왔다는 것을 발견하게 되었다.

엄마인 나 자신에 대한 믿음이 생기고, 자질구레하게 신경이 쓰인 일들을 거둬내니 아이들을 믿는 마음이 더욱 커졌다. 아이들은 믿는 만큼 자랄거라 믿으며 엄마 도움을 필요로 하는 것들만 곁에서 살짝 도와주기로 했다.

변화하기로 마음을 고쳐먹고 집 안에서 나를 위한 물리적인 공간과 시간을 조금씩 확보해 나갔다. 제일 먼저 나만을 위한 책상을 마련했다. 여태까지는 찻상이나 가족이 공동으로 함께 쓰는 컴퓨터 책상에 앉아 있곤 했었다. 엄마의 공간은 늘 침해당하기 쉬운 공적인 장소였다. 이제는 조용한 사적인 공간이 필요했다. 오직 나를 위한 책상과 의자를 구분해 놓고 오랜 시간 동안 지를까 말까를 고민하던 예쁜 텀블러도 하나 장만했다.

이른 아침, 가족들이 깨기 전에 새로 장만한 텀블러에 따뜻한 차한 잔을 담아서 책상 앞에 앉았다. 그 때의 감격이란, 마치 내가 텔레비전에 나오는 유명 커피광고 모델이 된 것 같았다. 황홀했다.

가슴에 행복함이 충만했다. 외롭고 지쳐있던 내 곁에 믿음직스럽고 든든한 친구가 늘 함께 해왔다는 것을 깨달았다. 바로 나 자신이었다. 태어나서 처음으로 느껴본 나에 대한 고마움이었다. 지금보다 조금 더 멋진 여자가 되어 보자고 스스로를 격려했다.

'성장은 곧 변화다'라는 말이 있다. 지금과 다른 삶을 살기를 원한다면 당신은 지금부터 변화를 선택해야 한다. 일상 속에서 찌들어 있던 나를 찾아서 꺼내오는 일부터 시작하길 바란다. 오늘과 다른 내일을 원한다면 어제와 다른 선택을 해야 할 것이다.

프랑스의 철학자 샤르트르는 말했다.

"인생은 B Birth;탄생와 D Death;죽음 사이의 C Choice;선택다."

5장

성장하는 엄마,
내일이 기대되는 여자

⋮

일주일에는 7일이 있지만 '언젠가'는 여기에 있지 않다.

- 성공격언 -

01
지금 당장 내 이름으로
진짜 인생을 살아라

교과전담교사로 3학년 아이들과 영어수업을 할 때의 일이다. 수업 주제가 생일을 묻고 답하는 것이었다. 받고 싶은 생일 선물을 그려 보고 영어표현을 말해보는 활동을 하려고 했다. 그러자 오래지 않아서 한 여자아이가 다급하게 나를 불렀다.

"선생님, 짝꿍이 제 껄 보고 자꾸 놀려요!" 곁에 다가가자 아이는 금방이라도 울 것 같은 글썽이는 눈으로 나를 바라보았다. 아이의 생일 선물에는 커다란 눈에 속눈썹이 긴 여자 얼굴이 그려져 있었다. 그리고 화살표 끝에 이렇게 쓰여 있었다.

'엄마'

무엇이든 받고 싶은 것을 적으라고 했으니까 친구의 답을 존중해 줘야 한다고 놀린 친구에게 말해줬다. 어찌된 영문인지는 모르겠지만 아이는 엄마를 선물로 받고 싶은 모양이었다. 선생님은 돌아가신 할아버지를 선물로 받고 싶다고 말하자 글썽이던 아이의 얼굴이 조금 환해졌다.

수업을 마치고 아이와 단둘이 이야기를 해보았다. 사연인 즉은, 엄마가 여행을 간다고 집을 나가서는 안 들어온 지 오래되었다는 것이었다. 이제 막 아홉 살을 넘긴 아이의 입에서 그 말을 듣는 순간, 가슴이 먹먹해졌다. 축 처진 어깨로 교실 바닥을 멍하니 바라보며 서 있는 아이를 조용히 안아줬다. 손을 꼭 잡고 마주보며 말해줬다.

"엄마가 어디에 계시든지 우리 딸이 건강하고 씩씩하게 잘 지내고 있기를 바라실거야."

수업 중에 나눠주는 칭찬비타민을 아이의 작은 손에 쥐어주며 용기를 북돋아줬다. 그런 것 밖에는 달리 해줄 수 있는 것이 없어서 참으로 안타까웠다.

돌아서서 교실 문을 나서는 아이의 뒷모습을 보고 있자니 집에 있을 딸아이가 떠올랐다. 그와 동시에 같은 엄마 입장에서, 일상의 무게를 견디지 못하고 가정을 떠난 아이의 엄마 마음도 어느 정도는 이해할 수 있을 것 같았다.

엄마의 길은 참으로 외롭고 힘든 여정이다. 명확한 도착지도 없다. 일정한 기한 내에 끝내고 털어낼 수 있는 게임미션 같은 것도 아니다. 경력이 늘어날수록 능숙해지는 다른 일들에 비해서 해가 갈수록 엄마경력은 더 큰 능력을 필요로 하고, 여러 방면에서 시험대에 오르게 되는 것 같다.

엄마가 여행을 간다고 집을 나가서는 안 들어온 지 오래되었다는 것이었다. 이제 막 아홉 살을 넘긴 아이의 입에서 그 말을 듣는 순간, 가슴이 먹먹해졌다.

통계청과 여성가족부가 가정생활 스트레스에 대한 조사를 한 적이 있다. 남성과 여성이 가정생활에서 받는 스트레스 차이가 확연하게 드러났다. 남성은 38.9%인데 반해 여성은 51.4%로 12.5% 포인트 차이가 났다. 아내들이 남편에 비해서 가정생활에서 받는 스트레스 차이는 눈에 띄게 차이가 났다. 군이 통계수치로 확인해보지 않아도 엄마들의 수다 속에서 훤히 알 수가 있는 사실이다.

조사결과를 보고 있자니, 스트레스를 이겨내고 가정생활을 유지하고 있는 내 자신이 대견했다. 그리고 힘든 상황 속에서도 가정을 지켜내며 자녀를 키우고 있는 이 세상 모든 엄마가 존경스러워졌다.

여자 그리고 엄마의 인생은 어떡하면 즐겁고 행복할 수 있을까? 애들 다 키운 다음에나 가능한 일일까? 중년의 나이가 되어 서먹서먹한 남편과 집안에 덩그러니 남겨질 때쯤?

느즈막이 자신의 인생을 찾아 나서는 애처로운 중년의 아줌마는 되고 싶지 않다. 삼식이 남편에게 곰국 잔뜩 끓여놓고 외출하는 아내는 더더욱 되고 싶지 않다. 더 나이 들기 전에 얼른 찾아놓을 것이 있었다. 내 이름 석 자로 된 가슴 뛰는 내 인생.

'투자의 귀재'로 알려진 워렌 버핏은 버크셔 헤더웨이 회장이자 세계 최고의 갑부다. 그와의 한 끼 식사는 수십억 원에 낙찰이 될 정도로 투자와 사업뿐만 아니라 인생의 지혜를 얻을 수 있는 시간으로 유명하다.

그를 위해 10년 넘게 일한 전세기 조종사에 관한 유명한 일화가 있다. 어느 날, 플린트는 자신의 커리어와 목표에 대해 버핏과 이야기를 나눌 기회가 있었다. 버핏은 플린트가 생각하고 있는 현재 가장 중요한 목표 25가지를 노트에 적어보게 했다. 그리고 그 중에 가장 중요하다고 생각하는 목표 5가지에 동그라미를 쳐보게 했다. 플린트는 목표 5가지에 동그라미를 치고는 이렇게 말했다.

"아, 이제 제가 당장 해야 할 일이 뭔지 알겠습니다. 앞으로는 5가지 목표들에 제가 가진 시간의 대부분을 투자하고, 나머지 20가지도 시간이 날 때마다 틈틈이 노력해서 이루겠습니다."

의욕에 찬 플린트에게 버핏은 이렇게 말했다.

"아닐세. 자네가 동그라미를 친 5가지 목표 외의 목표들은 어떻게든 버려야 할, 피해야할 목표들이야. 자네가 가장 중요하다고 생각하는 5가지 목표를 전부 달성하기 전까지는 나머지 20가지 목표들에 대해서는 절대 어떤 관심도 노력도 기울여선 안 되네."

인생에서 성공을 거둔 사람들을 살펴보면 내려놓기를 매우 잘하는 사람들임을 알 수 있다. 또한 그들은 선택과 집중을 굉장히 중요하게 생각한다. '버릴 줄 아는 지혜'를 강조한 버핏 역시 우리에게 제한된 시간과 에너지를 어떻게 효율적으로 활용할 것인가를 묻고 있다.

하루를 지내다보면 엄마가 신경 써야 할 것은 한두 가지가 아니다.

모든 것을 감당해 내기 위해서 내 안에서 초인적인 힘이 솟아났으면 할 때가 자주 있다. 아이가 어릴수록, 시간에 쫓기는 직장맘 일수록 더욱 그렇다. 아침에 일어나서 저녁에 잠들 때까지 엄마인 내가 신경을 쓰지 않으면 어느 것 하나 제대로 돌아가지 않을 것 같아서 전전긍긍이다.

그러다보면 한정된 엄마의 에너지는 쉽게 방전이 되고 정작 집중해야 하는 아이와의 관계나 내 자신을 위한 시간은 확보하지 못하게 된다. 온종일 아이에게는 짜증만, 내 자신에게는 죄책감만 뒤집어씌우며 하루를 마감하게 된다. 혹여 내일도 똑같은 하루가 되풀이되진 않을까 두려운 나머지 불량한 생각을 품고 잠자리에 들 때도 있다. '부디 내일 아침이 오지 않았으면…'

'박경림이 만난 꿈꾸는 엄마들'이라는 부제가 붙은 책이 있다. 『엄마의 꿈』은 자신의 꿈을 찾고 이루어낸 열여덟 명의 엄마들에 관한 이야기를 들려주고 있다. 나는 이 중에서 배우 채시라 편을 인상 깊게 읽었다.

촬영장에 유축기를 들고 다니며 모유 수유를 할 정도로 프로 엄마인 배우 채시라는 완벽한 엄마를 꿈꿨으나, 잘 내버려 두는 게 답이라고 말한다. 남편을 내조하고 아이들을 키울수록 그녀가 깨달은 것은 자신이 모든 것을 다 해줄 수도, 그들을 완벽히 만족시킬 수도 없다는 것이었다. 그렇게 그녀는 남편과 아이들을 잘 내버려두는 법, 그저 곁에서 지켜봐주는 법을 터득했다고 한다.

엄마들은 오늘도 묵묵히 달린다. 스스로가 자신에게 페이스 메이

성장하는 엄마 곁이 있는 여자

커가 되고, 코치가 되고, 응원군이 되어야 오랜 세월을 지치지 않고 달릴 수 있다. 이 길을 선택한 사람은 다름 아닌 나라는 사실을 기억하며 꿋꿋하게 나아가자.

누구도 나를 대신해서 뛰어줄 수 없기에 이 길이 내 인생길이고, 곧 나의 현재이자 미래이다. 여기서 한 가지는 확실히 짚고 넘어가야 할 것이 있다. 절대 자녀의 레이스와 남편의 레이스까지 함께 뛰어주려고 해서는 안 된다는 것이다.

버핏의 조종사인 플린트가 했던 것처럼 한 번 해보자. 지금 당신의

아이의 상처, 같이 보듬어야

학급 담임을 맡을 때 간혹 가다가 한부모 가정의 아이를 만날 때가 있어요. 최근 들어서는 한부모 가정이 늘고 있는 추세라고도 하죠. 그런데 가정환경조사서에는 분명 부모님 두 분이 함께 사시는 것으로 적혀있는데 아이가 하는 말을 들어보면 그렇지 않은 경우가 있어요. 아마도 밝히기를 꺼려하셔서 그러시는 것 같아요.

물론 민감한 가정사이기 때문에 담임교사의 입장에서는 짐작만 하고 있을 뿐이죠. 그런데 제가 엄마가 되고 보니 가정에 이와 같은 일이 있을 경우 아이와 가장 밀접한 곳에 있는 주변인들은 알고 있을 필요가 있다고 생각해요.

학교 선생님의 경우에는 아이와 반나절 이상을 함께 보내기 때문에 가장 아이 가까이에서 실질적인 도움을 줄 수 있는 사람이거든요. 아무래도 여자선생님들이 많으시기 때문에 세심한 도움도 요청할 수 있으리라고 생각해요.

'아이 하나를 키우는 데는 마을 전체가 필요하다'는 아프리카 격언이 있어요. 그만큼 아이는 많은 사람들의 보살핌 속에서 키워야 하는 것이 아닐까 해요.

인생에서 중요한 일들을 스무 가지 적어보자. 그 중에서 가장 중요하다고 생각하는 다섯 가지 일에 동그라미를 쳐보자. 그리고 덜 중요하다고 생각하는 것은 아예 머릿속에서 지워버리자. 생각하지도 말자.

당신이 진정으로 원하는 삶을 아직까지 살지 못하는 이유는 바로 덜 중요한 목표를 버리지 못 했기 때문일 것이다. 당신에게 행복한 삶을 쥐어줄 수 있는 사람은 오직 당신이라는 것을 잊지 말길 바란다.

우선 무엇이 되고자 하는지 자신에게 말하라. 그리고 나서 해야 할 일을 하라.
- 에픽테토스 -

성장하는 엄마 꿈이 있는 여자

02
엄마가 꿈을 꿔야
아이도 잘 자란다

엄마들에 관련된 신문기사를 찾아서 읽다가 흥미로운 점을 발견했다. 아래는 어느 주부가 쓴 글의 일부분이다. 찬찬이 읽으면서 과연 몇 년도에 써 진 글인지를 생각하며 읽어보자.

제목: 꿈이 많은 엄마가 돼야지

푸르고 맑기 만한 5월의 하늘 아래 산도 들도 신록으로 한창이다. … 구성지게 노래를 뽑던 중학교 아이가 "친구네는 다음 일요일에 놀러 간다는데"하고 나를 흘끔 본다.

"시끄러워. 놀러갈 새가 어디 있니?"

나는 나도 모르게 소리를 질렀다.

물가는 매일 야금거리고 오르는데 아빠의 박봉으로 매일 살림을 꾸려나가야 하는 고달픈 생활. … "난 엄마가 되도 엄마처럼은 되지 않을래. 난 아들, 딸과 같이 계절의 감각을 느끼는 아주 마음이 젊은 엄마가 될래." 뾰루퉁해진 딸의 말이다. 순간 나는 코허리가 시큰해짐을 느끼며 잠시 나를 돌이켜 보았다. 넉넉지 못한 살림살이와 아이들의 치다꺼리에 고달프기만 하지만 마음만은 생활의 때에 젖지 말아야지. 마음이 아름답고 꿈이 많은 엄마가 되어주어야지.

꿈이 많은 엄마가 되리라고 다짐한 어느 주부의 글은 지금으로부터 49년 전에 쓰인 것이다. 경향신문 1966. 5. 16. 참고

맞춤법에 맞게 몇 군데를 수정하고 시대적 배경을 알 수 있는 부분만 생략하고 나니 영락없이 요즘을 살아가고 있는 엄마의 마음과 똑 닮아있다.

반백년 전 엄마들도 지금의 우리처럼 각박한 생활 속에서도 꿈을 가지고 있었겠구나하고 생각하니 어쩐지 어색했다. 우리의 엄마세대와 꿈이라는 용어가 그다지 가까워 보이지 않았기 때문이다. 물론 그 당시의 엄마들도 꿈꾸던 삶이 있었겠지만 여러 가지 제약들 때문에 접고 사신 분들이 많았을 것이다.

어쩌면 나는 자식 된 입장에서 내게 유리한 쪽으로 엄마라는 존재를 바라보고 있었는지도 모르겠다. 가정을 지킨 엄마, 자식들을 키워낸 엄마가 좋은 엄마라고 생각하면서 말이다.

나의 친정엄마는 가정주부셨지만 좀처럼 집 안에서 쉬는 모습을 뵐 수가 없었다. 집안 일로 바쁘시거나 아니면 부업으로 가져온 일거리를 하시면서 하루를 바쁘게 보내셨다. 전구소켓에 나사를 조립

하거나 마늘과 밤을 까서 인근 식당에 가져다주고 받은 돈을 생활비에 보태셨다.

가장 오랫동안 하셨던 일은 한복 맞춤 및 수선이었다. 재봉틀을 능숙하게 다루셔서 오랜 기간 손에서 놓지 않으셨다. 그러던 엄마가 항상 하시던 말씀이 있었다.

"느그들은 엄마의 역사여. 엄마가 이 세상에 왔다가 갔다는 증거가 바로 내 새끼 다섯 잉께, 느그들이 건강하게 잘 크는 것이야 말로 엄마 인생의 성공이다"라고 하셨다.

우리 다섯은 엄마의 꿈이자, 삶이자 자랑이었다. 그렇게 자란 두 딸들이 엄마의 어린 시절 장래희망이었던 초등학교 선생님이 되었을 때 얼마나 뿌듯하셨을까? 하지만 엄마의 바람이었지 아이들의 꿈은 아니었다.

세월이 흘러 이제는 엄마가 된 나를 돌아보게 된다. 혹시나 내가 못다 이룬 꿈을 아이들이 대신 이뤄주길 바라고 있는 건 아닐까하고 말이다.

올해 초였다. 학부모연수가 있어서 아이들 학교에 강의를 들으러 간 적이 있었다. 주제는 자녀들을 위한 진로교육 방법이었다. 일상생활 속에서 자녀의 관심사를 부모가 잘 확인하라고 하면서 그 외에 아이의 진로선택이나 직업체험을 위해 다양한 자료를 알려주었다.

강의가 절반 정도 진행되었을까? 갑자기 옆자리에 앉아있던 아줌마가 흐느껴 울기 시작했다. 처음에는 고개를 떨어뜨리고 훌쩍이는가 싶더니 이내 어깨를 들썩이며 옆에 앉아있는 나에게까지 소리가 단언컨대, 삶으로 가르치는 것만 남는다. 삶 속에서 배우는 것만이 진짜다.

들릴 정도로 울었다.

바로 옆자리에는 친구로 보이는 아줌마가 앉아 있었는데 화장지를 건네주며 대화하는 것을 살짝 엿들을 수 있었다.

"너 왜 그래?"

"내가 우리 애들한테 너무 못해주고 있는 것 같아서… 미안해서 그래. 나는 크면서 이런 거 받아 본적도 없는데 어떻게 해주니. 휴… 막막하다. 막막해."

그 말을 듣고 있으려니 그녀의 마음이 공감이 되었다. 받아보지 않은 것을 다른 사람에게 내어주기는 참으로 막막하다. 부모님이 정해주신 길, 또는 꿈과는 무관하게 진로를 선택했던 우리 세대는 자녀들에게 진로교육을 하고 꿈을 찾게 도와준다는 것이 굉장히 버거운 과제다.

그나마 요즘은 조금만 신경을 쓰면 아이가 직업체험을 할 수 있는 시설들이 꽤 있다. 부모입장에서는 체험학습을 등을 비롯해서 아이들이 다양한 경험을 할 수 있도록 기회를 만들어 여러 군데 쫓아다녀 본다. 하지만 정작 아이의 마음속에 꿈의 씨앗이 심어진건지는 확인할 길이 없다. 일상으로 돌아온 아이가 딱히 꿈을 쫓아서 무언가를 몰두해서 하는 모습이 보이지는 않기 때문이다.

왜일까? 그건 바로 일회성에 그치고 마는 진로지도이기 때문이다. 에디슨과 아인슈타인부터 빌게이츠, 스티브잡스, 김연아, 손연재까지, 꿈을 좇으며 이룬 사람들의 예시는 수도 없이 많다. 하지만 생활 속에서 바로 아이와 가장 가까운 곳에서, 꿈을 꾸고 열정을 가지고 살며 마침내 꿈을 이루어낸 모델을 찾기란 쉽지가 않다. 책 속에서, 방송에서나 만날 수 있는 그 많은 꿈의 멘토들은 아이에게는 먼 얘기 같이 느껴질 것이다.

그런 의미에서 아이의 주변에 꿈의 롤모델이 있어야 한다. 꿈을 이뤄낸 본보기가 바로 아이의 엄마, 아빠라면 어떨까? 부모가 꿈을 찾고 이루어 내는 소소한 과정을 자녀에게 보여줄 수만 있다면 그것이 지상 최고의 진로교육이 아니고 무엇이겠는가!

'배움은 물드는 것이다'라는 말이 있다. 십여 년이 넘게 학생들을 만나오면서 교사로서 가장 크게 깨달은 점이다. 무언가를 가르치려고 하면 아이들은 항상 뒤로 물러난다. 자신들에게만 강요한다고 느끼기 때문이다.

단언컨대, 삶으로 가르치는 것만 남는다. 삶 속에서 배우는 것만이 진짜다. 그런 점에서 책읽기를 좋아하는 아이 뒤에는 책을 좋아하는 부모가 있다. 호기심 가득한 눈으로 공부를 또는 삶을 즐기며 사는 아이들 뒤에는 항상 같은 모습의 부모들이 있다는 것을 잊지 말아야 할 것이다.

"엄마는 안 하면서 왜 우리한테만 하라고 그래!" 라고 말하는 아이들의 반항기 어린 말 속에는 깊은 뜻이 담겨있다. 엄마도 함께 하자는 강한 메시지이다. 아이들의 진로를 찾아주느라 엄마들이 몸고생, 마음고생하지 않기를 바란다. 아이와 엄마가 머리를 맞대고 서로의 진로를 함께 고민해보는 것은 어떨까? 가족이 서로의 꿈 응원단이 되는 것이다.

요즘 텔레비전에는 먹방, 쿡방이라하며 요리프로그램이 대세다. 몇 년 전까지만 해도 요리프로그램의 내용은 단순했다. 맛있는 식당을 소개하거나 요리전문가가 나와서 음식을 만들어 보이는 정도였다. 그런데 최근의 요리 방송들은 한 단계 진화했다.

전국을 순회하면서 음식의 맛을 보는 것에서부터 전문가에 의해 맛집으로 선정된 곳 요리사가 나와서 방청객들에게 직접 맛을 보여주기도 한다. 요리사가 연예인의 집에 있는 냉장고 속의 재료를 이용해서 창의적인 음식을 만든 다음 맛을 보게 해준다. 이에 직접 음식의 맛을 본 방청객과 연예인들은 생동감 넘치는 얼굴표정과 몸짓으로 음식에 대한 평을 적나라하게 내려준다.

꿈을 꾸고 이루는 것도 요리와 공통점이 있다. 꿈의 맛을 모르는 사람은 그저 앉아서 상상만 하게 될 뿐이다. 반면에 꿈의 맛을 아는 사람은 자꾸만 맛보고 싶어 한다. 그리고 주변인들에게 맛을 보라고 추천하고 함께 해보자고 권하기도 한다. 꿈을 찾고 이루어낸 맛을 알기 때문에 주변인들에게 꿈의 전도사가 된다.

내 아이의 눈빛이 반짝이길 원한다면, 엄마는 아이들에게 꿈의 맛을 보여주는 요리사가 되어야 할 것이다. 엄마인 당신이 꿈을 이루면 당신은 누군가의 꿈이 될 것이다.

양파가 잊힌 만큼 썩었듯, 꿈도 잊힌 만큼 썩는다.

- 김종원 『너를 스친 바람도 글이 된다』 중에서 -

03
엄마가 꿈을 포기하면
딸도 꿈을 포기한다

어느 월요일 아침이었다. 잠에서 깨어 아침 준비를 하려는데 배가 뒤틀리는 듯이 아팠다. 주말에 먹은 것이 탈이 났는지 화장실을 몇 번이나 들락날락 해야 했다. 머리에 식은땀이 나고 다리가 후들후들 떨리기 시작했다. 그 와중에 시계를 보니 아이들 등교 시각이 가까워오고 있었다.

어떡할까 고민을 하고 있는데 큰아이가 먼저 일어났다. 내가 평소 아침보다 늦은 시각까지 침대에 누워있으니 아이는 걱정이 되는 모양이었다. 곁에 오더니 걱정스런 눈빛으로 물었다.

"엄마, 어디 아파?"

배가 아파서 누워있다고 말하고는 찜질팩을 전자레인지에 데워달라고 부탁했다. 뜨겁게 데워진 팩을 엄지와 검지를 이용해서 간신히 손에 들고 온 아이는 내 허리춤에 앉아서 손을 주무르기 시작했다. 아이들이 체하거나 뱃속이 안 좋다고 했을 때 내가 주물러주던 바로 그 부분이었다. 곧이어 둘째아이도 일어났는데 동생을 보자 큰아이가 말을 건냈다.

"동윤아, 엄마가 배가 많이 아픈데. 내가 이쪽하고 있으니까 너는 엄마 반대쪽 손을 주물러드려"하는 것이다. 고사리 손들의 안마를 받는 동안 구조요청을 드린 친정엄마가 도착하셨다. 아이들은 외할머니의 도움을 받으며 무사히 학교에 갔고 나는 엄마가 사다주신 약을 먹고 속이 많이 좋아졌다. 그제야 한시름을 놓으셨는지 엄마는 주방에서 죽을 쑤시고 한 그릇 담아서 오셨다. 죽이 식을 동안 엄마는 소매를 걷어 부치더니 말씀하셨다.

"늙은 어매 손이다만, 엄마손은 약손 잉께 어디 함 보자. 엄마손은 약손, 우리딸 배는 똥배. 얼른 나아라잉! 어매가 아프믄 자식새끼들 얼굴에 그늘진다. 아라쩨?"

엄마가 끓여주신 죽을 먹고 나자 기운이 났다. 정신을 차리니, 아침에 근심 가득한 얼굴로 나를 바라보며 등교하던 아이들 모습이 떠올라서 마음이 무거워졌다.

점심시각이 지나자 작은아이가 학교를 마치고 집에 도착했다. 가방을 맨 채로 쪼르르 달려와서 나에게 안부를 물었다. 그러면서 엄마가 혹시 병원에 가 있을지도 몰라서 누나랑 계획을 세워놓은 것이 있었다고 말했다. 둘이서 손잡고 텔레비전을 보면서 엄마와 외할머니를 기다리려고 했다는 것이다. 아이들이 짜놓은 치밀한 계획을 들으며 두 손 꼭 잡고 텔레비전을 시청하고 있을 남매의 귀여운 모습이 상상이 되어서 한참을 웃었다.

조금 있다가 핸드폰 벨이 울렸다. 큰 아이였다. 둘째 녀석이 받아서 통화를 하는데 전화기 너머 딸의 목소리가 들렸다. 나의 상태를 묻는 모양이었다.

"누나, 엄마 괜찮데."

"그래? 진짜? 다행이다! 많이 걱정했어. 누나가 얼른 갈게. 안심하고 기다려."

아이들의 전화통화를 곁에서 듣고 있자니, 뭔가 모르게 포근하고 따뜻한 기운이 나를 감싸는 듯 했다. 곧 벅찬 감동의 물결이 밀려왔다. 내가 간절히 꿈꿔왔던 따뜻한 가정, 사랑스런 아이들의 모습이 바로 이러했기 때문이다.

지금으로부터 십 년 전, 결혼을 하면서 친정집을 나올 때 나는 꿈을 꾸었다. 사랑이 넘치는 따뜻한 가족, 가족들이 그 안에서 아픈 몸과 힘든 마음을 위로받고 치유 받으며, 어떤 일이 있어도 서로를 믿어주고 지지해주고 응원해주는 가족의 모습이었다.

결혼을 하고 같이 살면서 냉랭하고 쌀쌀맞게 구는 남편과 참으로 많이 부딪혔다. 초기에는, 나는 이상한 사람과 결혼했다고 생각하며 아내에게 매너 없는 행동을 하고 있다고 남편을 맹렬히 비난했다. 행복하게 잘 살자고 약속하고 결혼을 했으니 서로를 아껴주고 집안일에도, 자녀교육에도 적극적으로 협조해 줄줄 알았는데 그게 아니었으니 배신감이 하늘을 찔렀다. 게다가 아이가 둘이 된 이후에도 나 혼자 독박육아·살림에 그를 향해 섭섭한 마음이 극에 달하자 이를 바득바득 갈았다. '당신 이빨 빠진 호랑이 되면 그 때보자'라고 속으로 외치면서.

하지만 시간이 갈수록 남편보다 나 자신에 대해서 깊이 있게 들여다볼수록 선명하게 다가오는 사실이 있었다. 나는 진정한 사랑이 무엇인지를 모르고 있었던 것이다. 남편과 부딪힐 때마다 제일 아팠던 부분은 내 안에 깊이 곪아있던 상처, 바로 그 곳이었다.

우리 부부가 서로 불통이었던 이유는, 서로를 이해하려는 노력 없이 무작정 자신의 요구사항을 들이밀었기 때문이다. 가족심리를 공부하면서 남편 역시 마음속에 상처 입은 내면아이가 있다는 것을 알게 되었다. 무심한 사람인줄 알았던 그가 때론 여자인 나보다 더 섬세하고 예민한 부분이 있었다.

내면아이에 대해 알게 되면서 남편과 어릴 적 이야기를 자주하게 되었는데, 그 때 알았다. 우리 안에는 어린 시절 상처를 가진 아이가 있다는 사실을 말이다. 과거를 드러내고 이해하게 되면서 지금의 그가 보이기 시작했다. 그러면서 항상 남편이, "나는 지금이 그 어느 때보다 행복해"라고 말했던 이유를 알 것 같았다.

엄마가 되고 아이 둘을 키우며 학교에서 수많은 가정의 아이들과 부모님들을 만나면서 맺은 관계를 통해서 알게 되었다. 사랑에도 연습이 필요하다는 것을.

『사랑하면 통한다』를 펴낸 박재연은, 나 자신을 솔직하게 드러내고 타인을 수용할 때에 비로소 상대와 진정으로 연결되고 소통할 수 있삶에서 결코 놓치고 싶지 않은 것이 있다면 그것을 끝까지 붙잡고 나아가라고, 그것이 네 인생의 의미를 찾게 해줄 것이라고 말해주고 싶다.

다고 말한다. 누군가로부터 사랑과 인정을 받기 위해 살아가는 한, 진실한 사랑은 결코 경험할 수 없다고 경고한다.

'내가 나를 사랑하지 못하는 삶은 세상에서 가장 큰 비극이다. 내가 나를 사랑하지 못하면서 누군가를 사랑하려는 노력은 연극이다. 나를 사랑하지 못하면서 사랑한다고 고백하는 대상들은 진정한 희생자이다. 내가 나를 사랑하지 못한 채 포장하는 내 자신의 외로움이 바로 '결핍'이다.'

나의 내면을 들여다보기 위해 용기를 내고나니 자녀와 남편과 진정으로 연결되고 소통할 수 있다는 것을 깨닫게 되었다. '결핍이 성장을 부른다'는 말이 있다. 따뜻하고 배려깊은 사랑에 대한 내 안의 결핍은, 내가 엄마가 된 후 가정 안에서 그러한 사랑을 꿈꾸게 된 성장의 원동력이 되었다.

간절했던 소망의 씨앗이 결혼 십 년이 지나자 싹을 틔웠다. 따뜻함과 편안함이 넘치는 가족들의 모습을 바라보고 있는 순간은 상상하던 나의 꿈이 현실이 되었음을 느끼는 순간이다.

따뜻한 마음씨를 가진 딸의 모습을 보고 있노라면 내가 엄마로서 아이에게 가르쳐 줄 수 있는 것이 많이 없다는 것을 고백하게 된다.

마흔 가까운 해를 살아오며 아이에게 전해주고 픈 한 가지 인생교훈이 있다면 바로 이것이다.

삶에서 결코 놓치고 싶지 않은 것이 있다면 그것을 끝까지 붙잡고 나아가라고, 그것이 네 인생의 의미를 찾게 해줄 것이라고 말해주고 싶다.

어느 인터뷰 기사에서 고전평론가 고미숙은, '어떻게 살아야 하지?'하는 질문이 있으면 우리가 우주와 연결된 소중한 존재라는 것을 알게 될 것이라고 말했다. 중앙일보 2015. 8. 14

"명리학에서 보면 공부를 하게 하는 인성의 기운은 엄마와 연결이 되어 있어요. 그래서 엄마가 공부를 하기 시작하면 자연스럽게 아이도 공부를 하게 되어 있습니다. 자식은 부모에 대해 자긍심을 바라지, 결코 부모의 과잉 관심을 바라는 것이 아니에요. '우리 부모님은 책을 좋아하셨어, 우리보다 어려운 사람들을 돌보셨어' 이런 자긍심을 자식들은 원해요. 하지만 부모는 자식이 원하는 것은 주지 않고 아이들에게 공부만 하라고 하죠. 부모가 먼저 공부하고 나아가 아이들이 존경할 만한 행동을 하게 되면 아이도 공부하게 되어 있습니다."

나의 직업이 초등학교 교사이긴 하지만 집안에서는 절대로 선생질을 하지 않겠다고 스스로에게 다짐해왔다. 그리고 아이들이 도움을 청해오지 않는 한 크게 간섭하거나 잔소리를 하지 않는다.

그 이유는, 자녀는 부모의 말보다는 행동을 보고 배운다고 굳게 믿고 있어서이다. 내가 가진 세상의 그 어떤 멋지고 잘난 타이틀도 내 아이와 그리고 가족들 앞에서는 아무 소용이 없다는 것을 지난 삶을 살아오면서 깨달았다.

특히 딸아이 앞에서 나는 같은 여자로서 매일 조금씩 성장하는, 좀 괜찮은 아줌마가 되어야겠다고 자주 느낀다.

당신이 할 수 있다고 생각하든, 할 수 없다고 생각하든
당신의 생각은 항상 옳다.

— 헨리 포드 —

04
CEO맘 마인드를 가져라

나는 요즘 신문기사를 스크랩할 때면 "감사합니다"라는 말이 입 밖으로 불쑥불쑥 튀어나온다. 기사제목에 아빠, 육아 그리고 가정이라는 단어가 들어가 있으면 얼마나 반갑고 고마운지 모른다. 내가 엄마이기에 그럴 것이고, 내 딸도 언젠가는 엄마가 될 것이기에 더욱 관심이 가는 내용이다.

최근에는 우리나라의 저출산 문제에 대한 해법으로 아빠의 육아가 떠오르고 있다. 육아에 적극적인 아빠가 저출산의 고리를 끊는 해결사가 될 수 있다고 한다.

매일 오후 7시면 업무용 컴퓨터의 전원을 강제로 끄는 'PC-OFF' 제도를 운영하는 회사도 있다고 하니, 내 남편 회사에서도 얼른 이런 제도가 시행되었으면 하는 바람이 간절하다.

저출산 문제해결의 측면에서 뿐 아니라, 양성평등을 위해서도 남성 육아휴직이 활성화 될 거라고 한다. 정부는 양성평등 문화 확산과 일·가정 양립을 핵심 과제로 정하며 자녀 양육과 관련한 남성의 권리와 책임을 강조하기로 했다고 한다. 이에 따라 남성의 육아휴직 사용이 활성화 될 수 있도록 정책들을 마련할 것이라 하니 한 남자의 아내이자 주부로도 기대가 무지 크다.

양성평등의 관점에서 우리 부부 얘기를 하자면 할 말이 참 많다. 어느 부부인들 그렇지 않을까. 어려서부터 '남녀평등'이라는 표현에 예민한 쪽은 항상 여자인 것 같다. 학생 때에도 친구들과 남녀평등을 주제로 말다툼을 하게 될 때가 있었다. 그 때 군대에 간다고 억울해하던 남자 아이들에게, 여자는 아이를 낳지 않느냐 하고 반론을 펼쳤던 기억이 난다.

그런데 정말 신기한 일은 지금의 초등학생들도 아직 그렇게 남녀평등을 이해하고 있다는 것이다. 혹시 부모인 엄마와 아빠의 생각이 고스란히 아이들에게 전달된 것은 아닐까?

결혼을 하고나서 알게 되었다. 남녀평등이 가정 안에서 이상적으로 이루어지기란 단언컨대 불가능 하다는 것을 말이다. 또한 가사분업도 마찬가지이다.

흔히 남편들에게 "집에서 아내 일 많이 도와주세요?"라고 묻는 것을 들어 본 적이 있을 것이다. '도와준다'는 표현 속에는 이미 집안일은 아내의 몫임을 인정하는 기본전제가 깔려있다. 통탄할 노릇이다.

다행히 나는 설거지와 청소가 습관처럼 몸에 배어있는 남자와 결혼을 했다. 아마도 나는 전생에 나라를 구했는가보다. 단점은, 잔소리가 많다는 거다. 직장에 다니시던 시어머니께서는 아들들이 어려서부터 집안일을 할 수 있도록 기회를 많이 주신 모양이었다.

가사 노동 시간에 대한 통계청 조사를 본 적이 있다. '한국인 시간 활용'을 조사한 자료에 따르면 하루 24시간 중 여자는 3시간 5분, 남자는 42분을 가사 노동에 할애 한다고 한다. 집에서 여자가 남자에 비해 4배 이상 일을 많이 하고 있다. 하지만 통계에서는 5년 전에 비해 남자는 2분 늘고 여자는 3분 줄어 격차가 좁혀지고 있는 것으로 보인다고 했다. 가사노동은 여전히 여성이 많이 하고 있는 것은 다름없지만 남성의 기여시간이 늘고 여성은 줄어드는 추세라고 분석이 되어있었다.

통계결과를 보고 있자니 호기심이 발동했다. 과연 내 주변의 주부들, 애기엄마들에게 이 통계수치를 보여주면 뭐라고 반응할까?

"우리집은 안 그래요" "남편한테 통계자료 보여주고 싶네요" "대체 어떤 남자들을 대상으로 조사를 한 거죠?"라며 반기를 들고 일어나지 않을까 싶다.

부부의 결혼생활이 서로 건강하게 롱런하기 위해서는 가사분담은 절대적으로 필요하다. "내가 집안일 한 가지 할 테니 너도 똑같이 한 가지해"라고 하는 산술적인 개념의 가사분담은 떠나야한다. 이는 흡사, 남자는 군대 가고 여자는 애 낳는다는 식의 남녀평등을 부르짖는 것과 마찬가지다.

주부 그리고 엄마경력을 십년 채우게 되면서 후배주부들에게 또는 후배맘들에게 꼭 해주고 싶은 이야기가 있다. 가사분담은 경중을 따져보고, 부부 각자의 전문성을 살려서 하라는 것이다.

신혼여행을 마치고 집으로 돌아온 남편은 뜬금없이 단호한 표정으로 선언을 했다.

"설거지와 청소는 내가 어떻게든 해보겠지만 요리는 절대 못한다. 안할 거다"였다.

그 때는 무슨 영문인지 몰랐지만 알아서 집안일에 자원을 해주니 그저 고마울 따름이었다. 남녀평등 및 가사분담에 대해 논쟁할 필요도 없었다. 호박이 넝쿨째 굴러온 느낌이었다.

그런데 남편과 몇 년을 살아보고 나서야 그 이유를 알게 되었다. 설거지와 청소는 그가 집안에서 전문성을 발휘할 수 있는 분야였던 것이다. 결혼 전에는 아이를 굉장히 예뻐하고 좋아한다고 했던 그였다. 하지만 막상 본인의 아이들이 태어나자 어떻게 돌봐줘야 하는지를 몰라서 당황해했고 슬슬 물러서는 눈치였다.

바람직한 자녀교육 원칙 중의 하나로 아이들과 스킨쉽을 자주 하라고 한다. 사실 말이 좋아 스킨쉽이지 부비고, 치대며, 서로 끈적이는 시간이다. 그런데 남편은 그 종목에서 자신이 약하다는 것을 스스로 잘 알고 있었던 것이다.

결국 아이들과의 대화 및 소통은 내가 담당하게 되었다. 결과적으로만 본다면 우리부부는 서로의 전문분야를 존중하고 특화시킨 셈이 되었다. 혹자는 내게, 엄마니까 당연히 해야 하는 것 아니냐고 말할 수도 있겠다. 하지만 아이를 낳고 키우는 엄마들에게 물어보면 알게 될 것이다. '당연히' 해야 하는 것을 '제대로' 해내는 것이 얼마나 힘든 건지를 말이다.

<u>엄마들의 말 한 마디로 인해서 가정의 평화가 유지될 수도, 깨질 수도 있다.</u>

세상에 거저 얻어지는 것은 아무것도 없다는 사실을 아이를 낳고 키우면서 알게 되었다. 어린 아이들을 키울 때 엄마는 육체적인 에너지를 더 많이 쓰게 된다. 그런데 아이가 커가면서는 정신적인 수양과 심리공부가 더 필요하다. 그게 남편이 비켜가려고 했던 일이자, 엄마인 내가 도맡게 된 일이었다.

모성애는 아이를 낳는다고 절로 생기는 것은 아니었다. 책 속에서 만난 엄마들의 멘토나 부모교육에서 만난 여러 선배맘들은 입을 모아 말하고 있었다. 치열하게 책을 읽고 공부하고 자신의 내면을 들여다본 후에야 내 아이가 눈에 들어왔다고. 양육초기에 좌충우돌하며 어느 정도의 아픈 시간을 보낸 뒤에야 꽤 괜찮은, 아이와 함께 행복할 수 있는 엄마노릇을 하게 되었다고 고백했다.

집안일 중 육체적으로 에너지가 소모되는 일을 하겠다고 자청한 남편이 어떤 때는 현명해 보였다. 그리고 내가 아이들에게 잘 해주지 못하고 버벅대는 엄마라는 생각이 들 때는 차라리 나도 집 안에서 몸으로 때우는 일만 하고 싶다고 생각한 적도 있었다.

하지만 어느 순간 깨달았다. 내가 집안의 총체적인 일을 담당하고 있는 '리더'라는 사실을 말이다. 예를 들어, 주말에 가족끼리 바람을 쐬러 나서고 싶어도 엄마인 내가 미리부터 계획을 짜고 간식거리를 준비해야 일이 성사된다. 어디 나가는 걸 끔찍이도 싫어하던 남편은 운전사 역할만 간신히 해줬다. 하루 온종일 텔레비전만 보고 있으라고 해도 행복해 할 사람들이 남편이다!! 아이들이 무언가를 배우게 하고 싶어도 엄마인 내가 미리 정보를 수집하고 계획을 짜서 움직여야 실행에 옮겨진다.

이런 일들이 초기에는 책임감이 느껴져서 힘이 들고 싫었다. 내가 몸이 아파서 쉬고 싶을 때 남편이 내 자리를 대신해서 아이들과 만족스러운 시간을 보내줬으면 할 때 특히 그런 마음이었다. 하지만 바꿔 생각해보니 내가 집안에서 '대장'이었다는 사실을 알게 되었다.

나는 엄마들의 막강 파워가 여기에 있다고 생각한다. 엄마들의 말한 마디로 인해서 가정의 평화가 유지될 수도, 깨질 수도 있다는 것은 십 년 넘게 학생들을 가르치며 확인한 결과이기도 하다. 엄마는 한 가정의 CEO 최고경영자다.

올해 설을 앞두고 우리 가정의 미래에 대해 남편과 이야기를 나눈 적이 있었다. 이래저래 내가 하고 싶은 것, 엄마로서 가정 안에서 이루어 내고 싶은 것들을 말하다가 듣고만 있는 남편에게 물었다.

"왜 하필 '현모양처'라고 했을까? 옛날에는 분명 먼저 결혼을 하고 아이를 낳는 것이 순서였을 텐데 말이야. '양처현모'가 되었어야 하는 것 아닐까?"

그 말을 듣던 남편이 궁금해 하며 인터넷으로 검색을 해 주었다. 검색한 내용을 둘이서 읽으며 고민하다가 지난날 나와 우리 가정의 모습을 떠올려 보니 그 이유를 알 것 같았다.

여자는 아내일 때보다 엄마가 되면서부터 도전적인 과제를 만나게 된다. 크고 작은 집안일부터 자녀교육에 이르기까지 대부분이 엄마의 몫이 된다. 이런 막중한 임무를 엄마들이 도맡고 있다는 사실을 자각 하는 것은 부담이기도 하지만 큰 위로가 될 수도 있다.

엄마가 되면서부터 마인드 세팅을 새롭게 할 필요가 있다. 엄마는

'현모양처' 상식으로 받아들일까요?

현모양처: 어진 어머니인 동시에 착한 아내라는 뜻

'현모양처'라는 어휘가 한국에 처음 등장한 것은 『만세보』(1906년 8월 2일자)다. 일본에서 현모양처 이데올로기는 근대국가 형성 과정에서 여성교육의 필요성과 함께 주장된 것으로 근대와 반동의 두 얼굴을 갖고 있었다.

"현모양처 사상은 일본과 한국 양쪽에서 모두 그 형성 초기에는 여성을 전통사회로부터 해방시키는 수단으로 인식되었다. 전통사회에서 외출도 자유롭게 할 수 없고 다만 복종과 인내만을 배워야 했던 여성들에게 교육의 기회가 주어지고, 비록 조건은 있었으나, 남녀평등이 주장된 것은 상당히 혁명적이었음에 틀림없다."

"교육을 통해 여성의 공적 영역으로서의 진출을 어느 정도 가능케 하고 국가나 사회의 목적수행을 위해 여성을 이용하면서도, 여성이 주체성을 가지고 체제를 뒤흔들 만큼의 힘을 지니게 되는 것을 엄격히 억제하여, 최종적으로는 여성을 사적 영역, 즉 가정으로 제한하는 구조를 가지고 있다."(서울대 사회학과 석사 논문 「조선과 일본에서의 현모양처 사상에 대한 비교연구」 중에서)(출처: 네이버 지식백과, 현모양처(선샤인 논술사전, 2007.12.17., 인물과사상사))

흠... '여성의 주체성'이라는 표현에서 갑자기 마음이 싸해지네요. 그 이유는 뭘까요?

한 가정의 CEO다. 리더의 자리에 당당히 올라서 지휘권을 행사해야 한다. '여자는 약하다. 그러나 어머니는 강하다'는 말은 어쩌면 이러한 마인드 세팅을 권하는 조상들의 지혜가 아니었을까.

시간은 인생의 동전이다. 당신이 써야 한다.
남들이 당신의 시간을 써버리게 하지 말라.

− 칼 샌드버그 −

05
이기적인 엄마,
이기적인 아내

주부가 되고 가장 가슴에 와 닿았던 말이 있다.

"우리집에 큰아들을 하나 더 키워요."

결혼 생활을 어느 정도 해본 아내들은 철부지 남편을 일컬어 우스갯소리로 이렇게 말하곤 한다. 나 역시 결혼을 하고 나서 그 '큰아들'이라는 실체와 마주하게 되었다. 과연 키워야하는 존재가 맞았다.

내가 큰아들 키우기에 애를 먹자 친정엄마는, "남편이라는 작자들이 원래 그런 것잉께"하시며 허심탄회하게 딸과 결혼생활에 대해 이야기를 나눌 수 있게 된 것을 반가워하셨다. 친정엄마 역시 40년 가까이 '그 분'을 키우고 계셨기 때문이다.

엄마세대부터 지금의 나에 이르기까지 거의 한 세기가 다 되어가는 대도 불구하고 남편이라는 존재들은 어찌 이리도 더디 변하는지 모르겠다. 혹 남편이나 아빠라는 자리가 총각 때에 비해서 그다지 변화가 필요 없는 자리인건지 아니면 육아와 직장생활의 병행 등으로 현실적인 문제에 부닥친 아내들이 초고속으로 변화하고 있어서 그들의 변화속도를 잘 느끼지 못하는 것인지는 분간할 길이 없다.

남자들의 결혼 전후 행동에 대한 분석으로 호르몬의 장난질이라는 주장도 있고, 잘못된 양육방식으로 길러진 탓이라는 말도 있지만 부부간에 말이 안 통한다 싶으면, 영락없이 아내는 '금성인'이고 남편은 '화성인'이다.

결혼식을 며칠 앞 둔 어느 날이었다. 친정엄마가 조용히 나를 부르셨다. 그리고는 나지막한 목소리로 은밀하게 말씀을 꺼내셨다. 바로 첫날밤에 대한 주의사항이었다.

"첫날밤에 들믄, 뭐든 신랑이 허자는 대로 해라잉. 그냥 맡겨둬 부러."

그날 엄마와 내가 대화를 하고 있던 모습을 생각하면 지금도 웃음이 난다. 태어나서 처음으로 부모님한테 받아본 정식 성교육이었기에 나는 어리둥절해 하면서도 엄마의 말씀을 진지하게 들었다. 그런데 막상 살아보니 남자가 하자는 대로 하게 두어서는 안 된다는 생각이 들었다. 결혼연차가 올라갈수록 그 생각은 더욱 확고해졌다.

왜냐하면 나에게도 취향이라는 게 있기 때문이다. 부부사이에서 행해지는 은밀한 일 뿐만이 아니다. 집 안에서 일어나는 모든 일에 대해서 아내이자 엄마가 된 자는 무릇, 본인의 목소리를 분명하게 내야한다는 주장을 하는 것이다.

마흔 살이 되어서야 '노'라고 말할 줄 알게 되었다는 한 여자가 있다. 바로 세계적으로 영향력 있는 여성 방송인 오프라 윈프리이다. 그녀는 『내가 확실히 아는 것들』에서 '명확함'에 대해서 이렇게 말했다.

"나는 내게 부탁을 하는 거의 모든 사람에게 줄 수 있는 모든 것을 내어주었다. 다른 이들이 내게 품고 있는 기대, 내가 무엇을 해야 하고 어떤 사람이어야 하는지에 관한 기대에 부응하려 애쓰며 나는 너덜너덜해질 때까지 자신을 다그쳤다."

그녀는 자신이 속으로 '노'를 외치면서도 겉으로는 '예스'를 말할 때 자신의 의도에 대해 살피기 시작했다고 한다. 그 결과 사람들이 화를 내지 않도록 하기 위해서 또는 자신을 착한 사람이라고 생각하게 하려고 '예스'라고 말하고 있다는 것을 깨달았다고 한다.

그 이후로 그녀는 하고 싶다고 마음으로부터 진심으로 느낀 일이 아니라면 그 누구를 위해서라도 절대 하지 않겠다고 결심했다. 또한 남을 기쁘게 하려는 병을 퇴치하기 전에, 먼저 '내가 어떤 사람인지 명확히 이해해야 한다'고 말하고 있다.

나는 아이를 막 낳고 좋은 엄마라는 소리를 무척이나 듣고 싶었다. 그래서 육아에 대한 고민을 참 많이 했다. 나 자신에 대해 명확하게 알지도 못한 채로 아이를 어떻게 키워야할까를 고민하면서부터 남편과 이야기를 자주 나눴다. 더 솔직히 표현 하자면, 남편의 입장에서는 들볶였다는 표현이 더 적합할 것이다.

자녀양육 및 교육정보를 얻고자 했을 때 가장 내 마음에 들었던 방법은 책읽기였다. 생존을 위해서 책을 읽었다. 자녀를 다 키워낸 선

<u>21세기를 이끌어갈 미래 인재들을 키우면서 20세기에 태어난 아빠가</u>
<u>19세기를 살았던 아버지 대접을 받고 싶어 한다.</u>

배맘들이 쓴 책을 사서 읽고 있으면, 초보맘으로 두렵고 걱정이 앞섰던 나의 마음이 다소 진정되었다. 또한 내 아이가 어떤 발달 단계에 있는지를 알 수 있었고 그럴 때마다 잘 크고 있다는 확답을 얻고는 안심을 할 수 있었다.

엄마로서 육아에 대한 긍정적인 시각과 자신감이 생기게 되면서 남편에게 함께 책을 읽으며 아이를 키워보자고 말했다. 그러자 그는, "자기가 책을 읽고 나한테 엑기스만 뽑아줘. 그럼 실천해볼게." 라고 말했다. 엑기스라도 듣고 아이 키우는 데에 노력을 하겠다고 하는 모습에 참으로 고마웠다.

그런데 해가 갈수록 가정생활과 자녀교육에서 남편은 초심을 잃어갔다. 내 눈에 비친 남편의 모습은, '웬만하면 아무도 내 곁에 오지마라, 날 좀 가만히 내버려둬라'는 뉘앙스였다.

어느 날엔가는, "당신이 아이들 교육에 대해 많이 알고 있으니 알아서 애들 교육을 잘 해봐"라는 말을 들었는데 억장이 무너졌다. 그 이후로 내 눈에는 자녀교육에 열성인 다른 집 아빠들만 보였다. 여러 매체에서는 '슈퍼대디'를 운운하며 요즘 젊은 아빠들의 적극적이고 대담한 양육태도에 찬사를 아끼지 않는데 우리 애들 아빠는 '영 아니옳시다'였기 때문이다.

남편을 보고 있자니, 21세기를 이끌어갈 미래 인재들을 키우면서 20세기에 태어난 아빠가 19세기를 살았던 아버지 대접을 받고 싶어 한다는 생각이 절로 들었다. 하나부터 열까지 내 손이 가야만 해결되는 집안일에 스트레스는 쌓여가고 남편에 대한 분노지수는 높아졌다.

게다가 엄마로 아내로 사사건건 내가 나서서 집안의 모든 일들을 해결해 주어야 한다는 강박도 더해져서 더욱 힘들었다. 혼자서 모든 짐을 짊어진 듯한 막막함과 피곤함으로 가득했던 나의 30대의 절반은 그렇게 흘러갔다.

통계청에서 조사한 바에 따르면, 2011년 주5일제 전면 도입으로 생활에 여유가 생겼는데도 불구하고 30대가 전 연령대에서 가장 많이 피곤함90.3%을 호소하고 있는 것으로 나타났다. 맞벌이 여성과 외벌이 여성은 둘 다 88.2%로 피곤함을 느끼는 정도가 강했다. 내 경험상 미루어 보건데, 전업 주부라고해서 피곤함의 정도가 맞벌이 여성과 크게 차이가 날 것 같진 않다.

예전에 비해 여자의 생활을 편리하게 해주고 시간을 절약해주는 가사도구들이 많이 등장했지만 엄마들은 여전히 시간에 쫓기는 삶을 살고 있다. 일과 가사 그리고 휴식까지 균형을 잡아야 건강하게 잘 살 수 있다고들 하는데 대체 내 삶은 언제쯤에나 그 '균형'이라는 것이 잡힐지 막막할 때가 있었다.

『타임푸어』를 쓴 브리짓 슐트 역시 집과 직장 어느 쪽에도 완전히 마음을 쏟지 못하는 찜찜한 느낌을 가지며 살고 있었다. 그녀는 심리학자들의 설명을 덧붙이며 이렇듯 두 가지 감정을 가지는 것을 '양가감정'이라고 했다. 애매한 감정은 둘 중 하나를 선택하는 것이나 중립을 지키는 것보다 훨씬 불편하고 신체에도 스트레스를 준다고 한다.

양가감정을 가진다는 것은 자신이 원하는 것과 원하지 않는 것 모두에 마음을 쏟는 상태이다. 따라서 서로 충돌하는 두 가지 이상을 동시에 달성하려 하는 이 감정을 먼저 해결해야만, 하루 24시간을 행복한 삶을 살기 위한 자원으로 쓸 수 있다고 말한다.

나는 여러 해 동안 직장맘과 전업맘을 오가면서 번아웃 상태를 빠져나오는 나름의 요령이 생겼다. 일상 속에서 계획적으로 멈추어 서는 시간, 즉 마음 속 브레이크 장치를 마련해두는 것이다. 일상에 지친 나를 위해 마련한 일종의 충전기인 셈이다. 육아에서도 아등바등하며 쥐고 있었던 나의 분량을 조금씩 줄이고 남편에게 당당하게 위임하는 습관을 들이고 있다. 그리고 당장에 급하지 않은 것은 우선순위를 뒤로 미루거나 아예 할 일 목록에서 지워버린다.

일, 가사, 양육에 둘러싸여있는 엄마들은 사소하지만 튼튼한 바운더리를 세워 짬짬이 자신에게 휴식을 줄 필요가 있다. '내 밥그릇은 내가 챙긴다'는 마인드가 필요하다. 자신만을 위한 충전시간을 확보하기 위해서는 사전에 부부간에 또는 가족 간에 확실한 의사표현을 통한 관계정립도 필요하다.

에스더, 제리 힉스 부부가 쓴『감정연습』이라는 책에는, 할 일 목록에 항목들이 넘쳐날 때 마음이 더 무거워지고 자유가 더욱 제약받는 느낌이 들 때 활용할 수 있는 방법이 제시되어 있다. 오늘부터 당신도 이와 같은 방법을 사용해 보길 적극 권한다.

커다란 종이를 가져와서 중간에 세로로 선을 하나 그린다. 왼쪽 상단에는 '내가 할 일'이라고 쓰고, 오른쪽 상단에는 '우주가 할 일'이라고 써라. 오늘 할 일들 목록을 생각해 본 후, 당신이 오늘 반드시 하고 싶은 일들만 골라내라. 꼭 해야 한다고 느껴지는 일들, 자신이 진짜로 하고 싶은 일들, 어떤 일이 됐든 오늘 꼭 하고 싶은 일들만 골라서 '내가 할 일' 아래에 쓰라. 그런 다음, 다른 모든 일들은 '우주가 할 일' 칸 아래에 쓰라.

나는 '우주가 할 일' 칸에 맨 먼저 이렇게 썼다. '큰아들을 키워주세요' 그리고 내가 할 일 칸에는 이렇게 썼다. '매순간 나를 지켜내자'

비록 아무도 과거로 돌아가 새 출발을 할 순 없지만,

누구나 지금 시작해 새 엔딩을 만들 수는 있다.

― 칼 바드 ―

06
오랫동안 빛나는
인생을 살아라

'한없이 외로운 초보맘, 나는 비정상일까요?'

초보맘의 심정에 대해 쓴 신문기사를 읽었다 서울신문 2015. 10. 6. 본인의 선택으로 결혼을 하고 사랑하는 남편에 아이까지 낳았지만 일상은 지독한 외로움의 연속이라고 했다. 일명 '독박육아'를 하고 있는 엄마들의 마음이 스토리텔링 형식으로 쓰여 있었다.

기사를 읽으며 애잔한 마음이 들었다. 같은 여자로, 엄마로 그리고 아내로 전적으로 공감이 갔다. 지난 날 내가 초보맘으로 겪었던 수많은 시행착오들이 주마등처럼 스쳐지나갔다. 기사 중에서 가장 가슴에 남은 글귀가 있다.

"아내로, 특히 아기 엄마로 정신없이 살다 뒤돌아보면 '나'를 잊어버린 지 한참 된 것 같습니다."

바쁘게 돌아가는 일상 속에서 나를 잊어버리지 않고 지켜내는 것은 엄마로서 가장 어려운 일이다. 어떤 때에는 나를 챙기는 일이 거추장스럽다고 느껴지는 때도 더러 있다. 그것은 초보맘 뿐 아니라 엄마경력이 오래되어도 마찬가지이다.

하지만 분명 자신을 지켜내며 행복한 결혼생활을 하는 여자들은 도처에 있다. 과연 그들의 생존전략은 무엇일까? 어떡해야 전쟁터 같은 일상 속에서 나를 온전히 지켜낼 수 있는 것일까?

여자의 인생에서 엄마로서의 삶은 그리 길지 않다. 아이가 성인이 되는 때까지로 넉넉잡아 계산한다 해도 20년이다. 그렇지만 사실 그 기간 동안에도 아이가 연령별로 또는 발달단계에 따라서 엄마에게서 조금씩 독립하게 되는 계기는 지속적으로 찾아온다. 그러니 그 기간을 가득 채울 필요는 없을 것이다. 문제는, 엄마가 마음속에서 아이를 서서히 놓아주며 언제쯤 자신의 인생을 찾아 나설 것이냐 하는 것이다.

평균수명을 85세로 봤을 때, 사실 엄마로서의 인생은 4분의 1도 채 되지 않는 기간이다. 그런 점에서 엄마로서의 임무를 끝낸 나머지 기간을 어떻게 보낼 것인지에 대해 계획이 있어야 한다. 거의 30년에 가까운 기간을 순수한 '나'로서 무얼 하며 지낼 것인지 지금부터 차근차근 계획을 세워 나가야 한다.

가장 시급한 것은, 잃어버린 나의 정체성을 찾는 일일 것이다. 그리고 내 안의 특별한 가치를 발견해내고 계속해서 다듬고 키워나가야 한다. 『어떻게 나를 차별화할 것인가』의 저자 김우선은 평범한 '나'를 위대한 '나'로 바꿀 수 있다고 조언한다. 바로 자기 브랜딩 전략을 통해서다. 그녀는 아리따움, 산들애, 아이 깨끗해 등 우리가 주변에서 흔히 볼 수 있는 여러 상품들을 네이밍하며 브랜드컨설턴트로 활동을 하고 있다.

저자는 평범함을 위대함으로 바꾸는 9가지 코드로 도전, 탐색, 빅픽처, 아이덴티티, 탁월함, 영역 확장, 자기애, 철학, 공감과 교감을 제시하고 있다. 나는 그 중 엄마들에게 우선적으로 필요한 요소가 아이덴티티_{정체성}라고 생각한다.

일상생활 속에서 자칫 잊히기 쉬운 존재인 엄마는 본인의 정체성을 계속해서 찾고 정립해 두어야 하는 사람이다. 오늘부터 스스로에게 끊임없이 물어보자.

"나는 나를 대표할 만한 특별한 가치를 지녔는가?"

아이가 크는 동안 엄마도 함께 커야한다는 육아서의 조언은 육아에만 해당되는 조언은 아닌 것 같다. 엄마들의 자기계발을 위해서도 유념해두어야 하는 문구다. 자녀양육서를 읽으면서 나는 나 자신에 대해 더 많이, 깊이 있게 알게 되었다. 아이들 덕분에, 나의 내면에 있던 상처와 마주하는 시간이 생겼다. 나라는 존재가 과연 어떤 사람인지 찬찬이 들여다볼 수 있었다.

'나를 안다'는 것의 힘은 생활 속에서 아이와 부딪히게 되는 순간이 오더라도 큰 갈등 없이 해결해 나가는 원동력이 되고 있다. 내 안에서 감정이 정리가 되고 자아와 소통이 되니, 남편과의 소통도 원활해지는 경험을 했다. 엄마인 나를 먼저 이해하고 공감한 뒤, 아이의 마음을 공감하고 경청할 수 있는 여유가 생겨서 편안한 모자관계를 이어나가고 있다.

그러한 선순환 덕분에 집안일과 아이들을 위해 투자하던 시간들을 나를 찾아가는 일에 기분 좋게 쓸 수 있게 되었다. 자기계발서를 읽으면서 다각적인 시각으로 나의 강점을 찾아보게 되었고, 인생 2막을 준비하기 위해 새로운 꿈의 씨앗을 찾을 수 있었다.

세상에 나왔으니 엄마의 삶 뿐만 아니라, 내가 잘하는 것, 내가 좋아하는 것을 위해서도 살아보자는 생각이 든 것은 정체성을 찾은 이후부터였다. 자기계발서 귀퉁이에 내 꿈에 대해 조금씩 메모를 해둔 것이 있었는데 이를 실천으로 옮겨야겠다는 생각이 들었다.

그간 지나온 나의 시간들을 한 번쯤은 정산할 필요가 있겠다는 생각에 더하여 곧 다가올 불혹의 나이가 모종의 전환점으로 작용하였다. 그러다보니 딸아이가 나의 일기장을 보여 달라고 했을 때, 이제는 진짜 뭔가 행동을 취해야한다는 일종의 신호탄처럼 느껴진 것이다. 나의 친정엄마는 당신의 자녀 다섯이, 이 세상에 인간 최원희가 왔다갔다는 흔적들이며 살아있는 역사라고 늘 말씀하셨다. 나는 나의 역사를 나를 닮은 자녀뿐 아니라, 종이 위에도 책으로 남기고 싶었다. 그래서 나의 개인적인 경험이 누군가에게는 격려와 응원의 메시지가 되었으면 하는 바람도 가지게 되었다.

세계적인 동기부여가 브랜든 버처드는 『메신저가 되라』에서 이렇게 말하고 있다. 메신저Messenger란, 자기가 가진 경험과 지식을 메시지로 만들어 다른 이들에게 전달하는 사람을 말한다.

당시에는 눈물, 콧물을 쏟으며 시련과 고난이라고 아파한 시간들조차 지나고 보니 나를 성장시켜준 귀한 가르침들이었다.

"자신의 목소리를 나누는 것은 인간으로 성장하는데에 중요하며 사회에 기여하는 능력면에도 중요하다. 다른 사람이 자신의 목표를 향해 한 발짝 더 다가갈 수 있도록 도울 때 당신의 영혼은 빛난다."

이 세상에 나의 흔적을 남기기로 작정을 하고보니 그동안 지내왔던 시간들이 모두 지금의 내가 되도록 도와준 자양분이었다. 당시에는 눈물, 콧물을 쏟으며 시련과 고난이라고 아파한 시간들조차 지나고 보니 나를 성장시켜준 귀한 가르침들이었다.

수많은 자기계발서에서 말하고 있는 것처럼 나 역시 종이 위에 나의 꿈과 미래를 기록해 보았다. 책을 읽으면서 끼적거리던 메모들을 한데 묶어보자는 생각으로 『버킷리스트 6』을 썼다. 내가 살아가는 동안 이뤄내고픈 다섯 가지의 꿈을 써서 세상에 외쳤고 앞으로의 인생은 그 꿈을 이뤄내기 위해서 눈을 반짝이며 살아가고자 한다.

『아줌마 당신은 참 괜찮은 사람입니다』의 저자 윤숙은 '아줌마공작소'라는 이름으로 운영중인 자신의 블로그에서 '아줌마들이 글을 써야 하는 이유'는 너무도 많다고 말한다.

첫째는 잃어버린 자신을 찾기 위해, 둘째는 왜 잃어버렸는지 알기 위해서, 셋째는 어떻게 찾아야 하는지 질문하고 답하기 위해서다.

그녀는 남편의 외도로 인해 자신에게 닥친 시련과 가족의 위기를 겪어내며 블로그에 글을 쓰기 시작했고 많은 아줌마들의 호응을 얻어 책으로도 출간하였다. 저자에게는 쓰라린 경험이지만 다른 사람들과 나눔으로써 비슷한 어려움을 겪고 있는 많은 주부들에게는 위로이며 희망의 메시지가 되었다.

내가 책을 쓰자, 긍정적인 변화는 아주 가까이에서부터 시작되었다. 남편을 비롯해서 가족들이 나를 보는 시선이 확 달라진 것이다. "엄마는 집에서 노니까 좋겠다"고 말하던 아들녀석은, "엄마, 간식 먹으면서 책 써요"하고 말해준다. 다음번 책 제목을 정해주겠다며 손바닥만 한 메모지에 자기가 좋아하는 표현들을 가득 써왔다.

큰아이는 어느 날 나를 붙잡아 앉히더니 "자신도 꿈이 있기 때문에 지금 다니는 학원을 내년에는 끊고 새로운 운동과 악기를 배워보고 싶다"라고 했다. 엄마처럼 자신도 꿈을 이루기 위해서는 여러 가지 경험을 해봐야겠다고 하면서.

무엇보다 남편의 반응이 놀라웠다. "나는 당신이 참 부러워. 무언기 하고 싶은 것이 있다는 것은 행복한 일이니까. 그리고 조금씩 이루어 나가는 모습을 보니까 존경스럽기까지해"라고 말하는 것이다.

꿈꾸는 아내를 긍정적으로 바라보는 남편의 눈빛과 엄마의 꿈을 응원해주며 얼굴에 생기가 넘치는 아이들을 보면서 생각했다. '이래서 엄마가 꿈을 꾸어야 하는 거로구나. 엄마의 꿈은 더없이 소중하고 큰 영향력을 발휘하는구나. 엄마는 오래도록 빛나는 존재여야 하

겠다.'

순간 '유산Legacy'이라는 단어가 떠올랐다. 부모로서 내 아이들에게 남겨줄 수 있는 것은 재미있게 살다간 인생후기가 아닐까 싶었다. 2018 평창 동계올림픽 유치를 위한 나승연 대변인의 프레젠테이션 마지막 부분에도 유산이라는 표현이 사용되었다.

"어느 곳에 살건 무엇을 꿈꾸건 모든 젊은이들에게 기회와 가능성을 제공하는 유산을 남기게 될 것입니다."

엄마가 꿈을 꾼다는 것은, 다음 세대인 우리 아이들의 마음속에 빛나는 유산을 미리 남겨놓는 것이다.

우리 세대의 가장 큰 혁명은, 사람의 마음가짐 변화가 그들 삶의 외적인
측면까지 변화를 줄 수 있다는 사실의 발견이다.

— 윌리암 제임스 —

07
10년 후가 기대되는
여자가 되라

어느 가을날 아침에 엘리베이터를 탔다. 아파트 같은 라인에 사시는 할아버지께서 타셨다. 이른 아침 시각인데 말끔하게 양복차림을 하고 계셔서 어디 좋은 데 외출하시는가 싶어서 여쭈었다.

"제 처가 몇 일전에 죽었어요…간호를 하는 동안 제가 허리를 다쳐서 오늘 병원에 가보려고요."

그리고 보니 오래전에 엘리베이터에서 할아버지와 이웃 할머니들께서 나누시던 말씀이 생각이 났다. "좀 차도가 있으신가요?" "오늘 내일 해요." 하시던 대화 속의 주인공이 바로 할아버지의 아내였던 것이다.

죽음이라는 표현을 듣는 순간, 가슴이 먹먹해지고 아무 생각도 나질 않았다. 집에 돌아와서 잠시 동안 의자에 우두커니 앉아 있었다. 얼굴을 뵌 적은 없지만 돌아가신 할머니를 위해서 잠시 기도를 드렸다. 부디 좋은 곳으로 가셨기를, 그리고 편안히 쉬시기를.

내가 기억하는 첫 '죽음' 그리고 이별의 대상은 외할머니였다. 고등학교 1학년 때였다. 학교에서 야간자율학습을 하기위해서 저녁을 먹으러 언니와 집에 잠깐 왔을 때였다. 엄마는 거실에 앉아서 빨래를 개고 계셨는데 웬일인지 그날따라 집안 분위기가 이상했다.

아니나 다를까 엄마는 평소보다 낮고 힘없는 목소리로 외할머니께서 돌아가셨다는 소식을 전하셨다. 외출 준비를 마치신 엄마는 할머니의 장례식을 치르러 고향으로 내려가셨고, 우리는 무슨 이유에서였는지 집에 남아서 평상시처럼 학교를 다녔다.

며칠이 지나고 엄마는 다시 집으로 돌아오셨다. 기운이 없어 보이셨지만 시간이 점차 흐르면서 평상시의 모습을 되찾으셨다. 나는 가끔씩 외가 친척들에 대한 소식이 궁금하기도 하고 외할머니와의 추억도 생각이 났지만 차마 입 밖으로 말을 꺼낼 수가 없었다. 엄마가 슬퍼하실 것 같았기 때문이다.

그렇게 하루하루가 지나갔다. 나는 눈앞에 떨어진 대학진학문제와 진로고민 등으로 골머리를 앓으며 차츰 외할머니를 떠올리는 시간이 줄어들었다. 그러는 동안 교사가 되라고 하시는 엄마와 심한 갈등도 겪었다.

당시 나의 눈에 비친 엄마는 늘 강하고 무슨 일이든 다 해내는 분이셨다. 그런데 시간이 지나면서 엄마의 진솔한 마음을 알 수 있게되었는데 외할머니를 떠올리시는 엄마 모습을 볼 때였다.

"느그 외할머니는 참으로 훌륭한 분이셨다. 그 작은 체구에 팔남매를 낳아서 산골에서 홀로 키우시믄서 힘들단 말씀을 단 한 번도 하신 적이 없으셨어. 자석들 키움시롱 어매가 힘들다, 힘들다 하믄 남들한테 내 자석들이 천덕꾸러기가 된다고 늘 말씀하셨다."

엄마는 그렇게 존경하는 마음을 담아 친정엄마를 떠올리셨다. 오남매의 엄마, 차갑고 냉정한 남편의 아내, 칠남매 중 맏며느리로서 시집살이의 무게를 버텨 내시면서 엄마는 친정엄마를 마음 속에 담고 계셨던 것이다.

그리고 당신 역시 자식 다섯을 키우시며 교육문제며 가족이 위기에 빠질 때마다, 엄마의 엄마가 그리 하셨던 것처럼 이를 악물었다. 그리고 자신에게 주어진 소명이라 생각하시며 다섯 자식이 모두 장성하고도 지금까지 가정을 지켜내고 계신다. 가끔 엄마가 혼잣말로 되뇌었던 말씀이 기억이 난다.

"나도 울엄니맹키로 지혜로운 어매가 되얏으믄…"

엄마는 자신의 엄마에게서 느꼈던 강인함과 지혜로움을 닮은 딸이 되고자 부단히 노력하고 계셨다는 것을, 내가 두 아이의 엄마가 되고 나서야 알게 되었다. 외할머니의 죽음은 세대를 지나 손녀인 나에게까지 큰 교훈을 남겼다.

"미경아, 죽기 살기로 덤비믄 안 될 것이 웂다. 너는 외할머니의 손녀고 엄마의 딸잉께."

엄마는 결혼 후 딸이 피곤해 보여서 안쓰러울 때마다 이렇게 말씀하시며 기운을 북돋아주셨다.

스티브잡스가 인생의 결단을 내릴 때마다 떠올린 것도 죽음이었다고 한다. 그는 2005년 스탠포드 대학교 졸업식에서 다음과 같이 말했다.

"만약 오늘이 내 인생 마지막 날이라면 지금 하려고 하는 일을 할 것인가? 며칠 연속 'No'라는 답을 얻을 때마다 나는 변화가 필요하다는 걸 알게 됩니다. '곧 죽는다'는 생각은 인생의 결단을 내릴 때마다 가장 중요한 도구였습니다. 모든 외부의 기대, 자부심, 수치스러움과 실패의 두려움은 '죽음' 앞에선 모두 떨어져나가고 오직 진실로 중요한 것들만이 남기 때문입니다. 죽음을 생각하는 것은 무엇을 잃을지도 모른다는 두려움에서 벗어나는 최고의 길입니다. 여러분은 죽을 몸입니다. 그러므로 가슴을 따라 살아야 합니다."

아이를 낳고 엄마로 살다보면, 책임져야 할 일들이 주어졌으니 사는 게 사는 게 아니고, '살아내야 한다'는 생각을 하게 된다. 게다가 내 발등 내가 찍은 꼴이니 텔레비전 리모콘이나 스마트폰을 쥔 하숙생 남편과도 마지못해(또는 죽지못해) 사는 형국이 될 때가 있다.

하지만 주부로 살든, 엄마로 살든 인생의 주인공은 나다. 어느 누가 내게 인생의 배역을 정해준 것이 아니라, 내가 선택한 나의 삶이다. 살아지고, 살아내야 하는 숙제 같은 인생이 되어서는 절대로 안 될 것이다.

인생이라는 시간은 동전과도 같다. 당신을 위해 쓸 때 가장 현명하게 사용하는 것이다. 내 마음대로 움직여주지 않는 남편에게 불평불만하며 에너지를 소진하는 삶도, 걱정스런 아이의 미래를 설계해주느라 불안감에 끌려가는 삶도 아닌 온전히 내가 주인이 되어 이끌어 가는 삶을 살아야 할 것이다. 다른 사람의 목소리가 내 인생 전체를 뒤덮게 내버려두지는 말자.

세계적으로 영향력이 있는 여성 방송인이 있다. 그녀는 미혼모 가정에서 태어나고 자라나면서 어린 시절 주변의 남자 친척들로부터 성적학대를 받았다. 하지만 성공하기까지 자신을 에워싸고 바깥으로부터 들려오는 목소리에는 귀를 기울이지 않았다고 한다.

그녀는 가난, 흑인, 여성, 출신지역 등 세상이 자신에게 말하는 것을 듣거나 믿지 않았다. 그리고는 마침내 세계적으로 유명한 방송인이자 영향력이 있는 여성이 되었다. 바로 오프라 윈프리이다.

그녀는 『인생교실 투어 뉴욕편Oprah's Lifecalss The Tour-NYC』에서 발목 잡힌 듯한 삶을 살고 있는 사람들에게 두려움과 맞서는 방법에 대해서 이렇게 말하고 있다.

"삶에서 고통을 어떻게 멈출 것인가? 당신이 그동안 스스로에게 어떤 이야기를 들려주었는가? 새로운 삶을 시작하고 싶다면 두려움과 마주하라. 그 동안 자라오면서 자신이 들었던 주변의 목소리와 그들이 말해왔던 나에 대한 스토리를 바꿔줌으로써 새로운 인생을 시작할 수 있다."

7년 전 『오프라쇼』에 출연했던 고등학생 소녀가 있었다. 그녀는 다른 여자형제보다 자신은 못났다는 말을 하며 슬퍼했고 스스로가 인생의 패배자 같은 삶을 살고 있었다. 그러나 오프라쇼 출연 이후 새로운 삶을 살게 되었다는 그녀는 자신만의 비법을 알려주었다.

이제부터는 당신에게 새로운 이야기를 들려줘라. 당신은 할 수 있다고, 지금보다 훨씬 더 나은 삶을 선택할 권리가 자신에게 있다고 분명히 알려줘라.

자신 스스로에게 들려주던, 자신을 두렵게 만들던 과거의 이야기를 멈추고 새로운 이야기를 만들어내기 시작했다고 했다. 과거의 그녀는 자기 자신에게 '나는 멍청하다, 자매들보다 예쁘지도 똑똑하지도 않다. 나는 특별히 할 수 있는 게 아무것도 없다'라는 말을 끊임없이 들려주었다고 했다.

하지만 방송 출연 후, 그녀는 인생을 바꿀 힘을 자신이 갖고 있다고 생각하기 시작했으며 이를 실천했다. 생활 속에서 행복하지 않은 것들을 떠올리며 하나둘 바꿔나가기 시작했다. 고등학교를 다니기가 싫어서 조기졸업을 했고 대학에 진학했다. 자신의 외모 때문에 불행하다는 생각이 들자 살을 뺐고 변화된 자신을 보면서 인생을 바꿔나갈 힘이 스스로에게 있다는 확신을 가지게 되었다.

뇌 과학자들의 주장도 소녀의 이러한 변화들을 뒷받침해준다. 말은 두뇌에 저장되는 모든 프로그램의 의미를 결정한다고 한다. 따라서 자주 듣는 말은 하나의 인식 프로그램을 만듦으로써 머릿속에 자기 자신을 바라보고, 세상을 바라보는 관점을 만드는 것이다.

이즈음에서 나는 당신에게 묻고 싶다. 그동안 당신은 스스로에게 어떤 이야기와 목소리를 들려주고 있었는가?

'나는 멋진 여자가 되지 못 할 거야. 내겐 매력이 없는데. 나는 엉터리 엄마야. 나는, 나는…'

지금 부족하고 엉성하기 짝이 없다는 당신의 인생은, 당신이 그동안 주변에서 들어온 타인의 목소리와 이야기를 자신에게 계속해서 들려준 결과다. 과거가 당신의 믿음을 만들어 냈고 그 믿음대로 현재의 인생이 만들어지고 있는 것이다. 내 안의 두려움에게 계속해서 먹이를 주지 말자. 당장 두려움에 맞서자!

두려움 없이 새로운 이야기를 만들어 낼 수는 없다. 두려움을 마주하고 극복하면 당신안의 긍정적인 에너지가 내면의 힘으로 바뀌게 될 것이다.

이제부터는 당신에게 새로운 이야기를 들려줘라. 당신은 할 수 있다고, 지금보다 훨씬 더 나은 삶을 선택할 권리가 자신에게 있다고 분명히 알려줘라. 10년 후 멋진 당신의 모습을 현재의 당신에게 계속해서 들려주길 바란다.

"나는 움츠리기보다 활짝 피어나도록 만들어진 존재다."

참고
문헌

EBS〈마더쇼크〉제작팀,《마더쇼크》, 중앙북스, 2012

EBS〈부부가 달라졌어요〉제작진,《부부가 달라졌어요》, 김영사 ,2013

가토 다이조,《착한 아이로 키우지 마라》, 푸른육아, 2012

강헌구,《가슴 뛰는 삶》, 쌤앤파커스, 2014

공자,《논어》,홍익출판사, 2013

김경우,《잘 싸우는 부부가 잘 산다》, 기린원, 2004

김미경,《꿈이 있는 아내는 늙지 않는다》,21세기북스, 2015

김미경,《드림온》쌤앤파커스, 2013

김미경 외9인,《버킷리스트 6》, 시너지북, 2015

김우선,《어떻게 나를 차별화할 것인가》,위닝북스, 2015

론다 번,《시크릿》, 살림출판사, 2007

마사 하이네만 피퍼 외 1인,《내적불행》, 푸른육아, 2009

마이클 레빈,《깨진 유리창의 법칙》, 흐름출판, 2014

마이클 팝킨,《52주간의 멋진 부모 코칭》, 학지사, 2013

말콤 글래드웰,《아웃라이어》, 김영사, 2015

박혜란,《믿는 만큼 자라는 아이들》, 나무를심는사람들, 2013

비벌리 엔젤,《여성들의 아주 특별한 지혜》, 을유문화사, 2002

박경림,《엄마의 꿈》, 문학동네, 2015

박재연,《사랑하면 통한다》,비전과 리더십, 2015

브랜든 버처드,《충전》, 문학동네, 2013

브랜든 버처드,《메신저가 되라》, 리더스북, 2012

브리짓 슐트,《타임푸어》, 길벗, 2015

시모쥬 아키코,《30대 여성, 자신의 인생을 설계하라》, 지혜의 나무, 2005

신영일,《엄마마음》, 푸른육아, 2014

신의진《나는 아이보다 나를 더 사랑한다》, 걷는나무, 2013

알프레드 아들러,《항상 나를 가로막는 나에게》, 카시오페아, 2015

앨런 피즈 외1인,《말을 듣지 않는 남자 지도를 읽지 못하는 여자》, 가야넷, 2002

에릭 시노웨이 외1인,《하워드의 선물》, 위즈덤하우스, 2013

에스더 힉스 외1인,《유인력 끌어당김의 법칙》, 나비랑북스, 2014

윌리엄 글라써,《당신의 삶은 누가 통제 하는가》, 한국심리상담연구소, 2015

오프라 윈프리,《내가 확실히 아는 것들》, 북하우스, 2015

윤 숙,《아줌마 당신은 참 괜찮은 사람입니다》, 팬덤북스 2015

조셉 머피,《잠재의식의 힘》, 미래지식, 2014

제리 힉스 외1인,《유쾌한 창조자》, 나비랑북스, 2014

제리 힉스 외1인,《감정연습》, 나비랑북스, 2015

토니 험프리스,《가족의 심리학》, 다산초당, 2011

토니 험프리스,《8살 이전의 자존감이 평생 행복을 결정한다》, 팝콘북스, 2006

펄 벅,《딸아, 너는 인생을 이렇게 살아라》, 책비, 2013

참 고
자 료

TED,〈Sheryl Sandberg: Why we have too few women leaders〉, 2010.10

Youtube,〈Oprah's Lifecalss The Tour-NYC〉, 2012

경향신문,〈꿈이 많은 엄마가 돼야지〉, 1966.05.16.

서울신문,〈한없이 외로운 초보맘, 나는 비정상일까요?〉, 2015.10.06.

우먼센스,〈전옥숙 여사의 글로벌 인재 교육법〉, 2012.12.

통계청,〈2014년 생활시간조사 결과〉, 2015.06.29.

통계청,〈2015 통계로 보는 여성의 삶〉, 2015.07.02.

중앙일보,〈나를 흔든 시 한 줄〉곽경택 영화감독, 2015.06.24.

중앙일보,〈연 393시간 더 일하는 한국 … 여성들 'M의 수렁' 빠지다〉, 2015.07.05.

중앙일보,〈'경력 단절 여성' 대신 '나미살녀'로 부릅시다〉, 2015.07.09.

중앙일보,〈질 바이든 "나도 세 자녀 키운 경단녀 … 한국 여성들 상황에 공감"〉, 2015.07.20.

중앙일보,〈행복해지려면 순환시키세요〉, 2015.08.14

세상 모든 지식과 경험은 책이 될 수 있습니다.
책은 가장 좋은 기록 매체이자 정보의 가치를 높이는 효과적인 도구입니다.

갈라북스는 다양한 생각과 정보가 담긴 여러분의 소중한 원고와 아이디어를 기다립니다.

– 출간 분야: 경제 · 경영/ 인문 · 사회 / 자기계발
– 원고 접수: galabooks@naver.com